KAYSER-THREDE Raumfahrt-Infrastruktur

DER MARS

Von Wolfgang Engelhardt

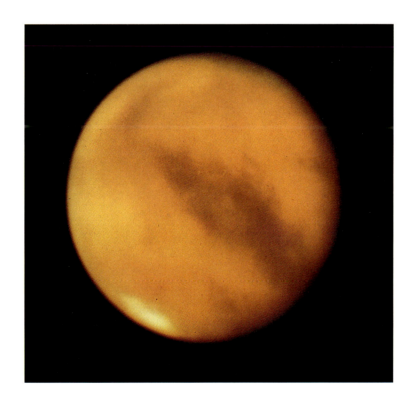

Tessloff Verlag

Vorwort

Seit Jahrtausenden sind die Menschen von den Planeten am Himmel fasziniert. Der rote Planet Mars, der unserer Erde auf seiner Bahn um die Sonne etwa alle zwei Jahre nahe kommt, spielte dabei schon immer eine besondere Rolle.

Mit der Erfindung des Fernrohrs am Anfang des 17. Jahrhunderts wurde die systematische Beobachtung der Planeten möglich. Doch erst die neu entwickelte Elektronik und Raketentechnik der 50er Jahre dieses Jahrhunderts schuf die Grundlage für die genaue Erforschung der Planeten. Nun konnten automatische Raumsonden direkt zu den fernen Planeten geschickt werden und sie aus der Nähe erforschen.

1964 startete die erste Sonde, Mariner 4, zum Planeten Mars und auch die folgenden Mariner- und Viking-Missionen der Amerikaner waren bei der Erforschung des Mars sehr erfolgreich. Die ersten Sonden wurden möglichst nahe an dem Planeten vorbeigesteuert und übermittelten dabei Bilder und Daten der Oberfläche und der Zusammensetzung der Atmosphäre. Weiterentwickelte Sonden schwenkten in eine Umlaufbahn des Mars ein und schickten Landekapseln auf die Oberfläche des Mars. Man entdeckte vielfältige und faszinierende Oberflächenformationen wie den 27 km hohen Vulkan Olympus Mons oder den bis zu 6 km tiefen Canyon Valles Marineris. Bodenproben wurden analysiert und Daten über das Wetter und Klima auf dem Mars gewonnen.

Seit kurzem sorgt der in der Antarktis gefundene berühmte „Mars-Stein" bei den Forschern für Aufregung. In dem Meteorit vom Mars glauben einige Wissenschaftler Hinweise auf winzige, primitive Organismen gefunden zu haben, die vielleicht vor Jahrmilliarden auf dem Mars gelebt haben könnten.

Spektakuläre Bilder sendete Pathfinder zur Erde, der Mitte 1997 auf dem Planeten landete. Der mitgeführte kleine Rover Sojourner steuerte bei dieser weltweit mit Spannung verfolgten Expedition mehrere große Steine in der Umgebung des Landeplatzes an und analysierte ihre chemische Zusammensetzung.

Alle diese spannenden Raumsonden-Missionen zum Mars, ihre Ziele, die Instrumente, der Verlauf der Missionen und ihre Ergebnisse werden in diesem Buch ausführlich beschrieben. Unsere Kenntnis, die wir im Laufe der letzten Jahrzehnte über den Planeten Mars gewonnen haben, werden in einer Vielzahl von Bildern anschaulich dargestellt. Im letzten Teil gibt das Buch einen Ausblick auf die Zukunft der Mars-Forschung, die sicherlich nicht weniger spannend sein wird als die bisherigen Projekte. Die Realisierung eines bemannten Raumfluges ist vielleicht weit weniger entfernt, als wir es uns heute vorstellen können.

Wolfgang Engelhardt

■ Dieses Buch ist auf chlorfrei gebleichtem Papier gedruckt.

BILDQUELLENNACHWEIS:

ILLUSTRATIONEN: Gerd Ohnesorge: S. 6. Uli Knauer: S. 4/5, 10, 16. Norbert Kühltau S. 20, 54/55.
COVER: Astrofoto, Leichlingen/NASA, van Ravenswaay. Archiv Wolfgang Engelhardt/Astro-Verlag, Köln.
FOTOS: Astrofoto, Leichlingen: S. 5. dpa, Frankfurt/Main: S. 6/7, 9.
Archiv Wolfgang Engelhardt (NASA, JPL)/Astro-Verlag, Köln: S. 1, 7 – 19, 21 – 63.

Copyright © 1998 Tessloff Verlag, Burgschmietstr. 2-4, 90419 Nürnberg. http://www.tessloff.com
Die Verbreitung dieses Buches oder von Teilen daraus durch Film, Funk oder Fernsehen, der Nachdruck, die fotomechanische Wiedergabe sowie die Einspeicherung in elektronischen Systemen sind nur mit Genehmigung des Tessloff Verlages gestattet.

ISBN 3-7886-0811-0

Inhalt

Die Mars-Forschung – eine aufregende Geschichte

Wie sehen wir heute den Mars im Vergleich zur Erde? ... 4
Wann ist der Mars den Menschen erstmals aufgefallen? ... 6
Wann begann die exakte Beobachtung des Mars? ... 7
Warum war die Entdeckung der Marskanäle so spektakulär? ... 8
Welche Mars-Details zeigen die heutigen Teleskope? ... 9
Warum glauben die Menschen immer wieder an Marsbewohner? ... 10
Auf welchen Voraussetzungen beruht die moderne Mars-Forschung? ... 11

Das moderne Bild des Planeten Mars

Wie ist der Mars im Inneren aufgebaut? ... 12
Wie ist die Mars-Oberfläche beschaffen? ... 13
Gab es einmal Flüsse auf dem Mars? ... 14
Wie entstanden die Vulkane und Krater auf dem Mars? ... 15
Woher kommen die vielen Rillen und Dünen auf dem Mars? ... 16
Wie entstand der Riesencanyon auf dem Mars? ... 17
Wie kam der Mars zu seinen beiden Monden? ... 18

Klima und Wetter auf dem Mars

Welche Zusammensetzung hat die Mars-Atmosphäre? ... 19
Welche Auswirkungen haben die Jahreszeiten auf dem Mars? ... 20
Warum sind die Polkappen des Mars so interessant? ... 21
Welche Veränderungen lassen sich an den Mars-Polen beobachten? ... 22
Welche Wolkenarten gibt es auf dem Mars? ... 23
Wie entstehen die Sandstürme auf dem Mars? ... 24

Die ersten amerikanischen Mars-Raumsonden

Wie haben uns Raumsonden den Mars nähergebracht? ... 25
Wie funktioniert eine Raumsonde? ... 27
Wie gelangen die Messwerte zur Erde? ... 29
Welche Ergebnisse übermittelte Mariner 4? ... 30
Wie waren Mariner 6 und 7 aufgebaut? ... 31
Wie verlief die Mission von Mariner 6 und 7? ... 32
Warum war die Mission von Mariner 9 besonders wichtig? ... 33

Das Unternehmen Viking – erste Landung auf dem Mars

Wie waren die beiden Viking-Sonden konstruiert? ... 35
Welche Schwierigkeiten gab es beim Bau des Viking-Landers? ... 37
Mit welchen Instrumenten waren die Viking-Landekapseln ausgerüstet? ... 38
Wie wurde der Viking-Flug gesteuert? ... 39
Wie verlief die Landung von Viking 1? ... 40
Zu welchen Ergebnissen führten die biologischen Experimente? ... 41

Das sowjetische Mars-Sonden-Programm

Wie sahen die sowjetischen Raumsonden aus? ... 42
Mit welchen Instrumenten waren die sowjetischen Mars-Sonden ausgerüstet? ... 43
Warum scheiterten so viele der sowjetischen Mars-Missionen? ... 44
Wie verliefen die Phobos-Missionen zum Mars? ... 45
Was geschah mit der russischen Sonde Mars 96? ... 46

Die USA schickt neue Sonden zum Mars

Warum interessieren sich Mars-Forscher für die Antarktis? ... 47
Welches Geheimnis umgibt den Mars-Stein ALH 84001? ... 48
Wie gelangte der Mars-Stein zur Erde? ... 49
Welche neuen Raum-Sonden entwickelte die NASA? ... 50
Wie war der Mars-Pathfinder ausgerüstet? ... 51
Wie verlief die Pathfinder-Mission auf dem Mars? ... 52
Wie funktionierte der Mini-Rover auf dem Mars? ... 53
Welche Ergebnisse brachten Pathfinder und Sojourner? ... 54
Wie ist die Raumsonde Mars Global Surveyor aufgebaut? ... 55
Welche Flugbahn war für den Mars Global Surveyor geplant? ... 56

Neue Mars-Raumsonden Amerikas und Europas

Welche neuen Mars-Raumsonden plant die NASA? ... 57
Welche Pläne hat die amerikanische Mars-Forschung? ... 58
Welche Raumsonden planen Europa und Deutschland? ... 59
Wann werden Menschen zum Mars fliegen? ... 60
Wie könnte ein bemanntes Mars-Raumschiff aussehen? ... 61
Welche Probleme ergeben sich bei bemannten Mars-Flügen? ... 62
Der Mars in Zahlen ... 64

Die Mars-Forschung – eine aufregende Geschichte

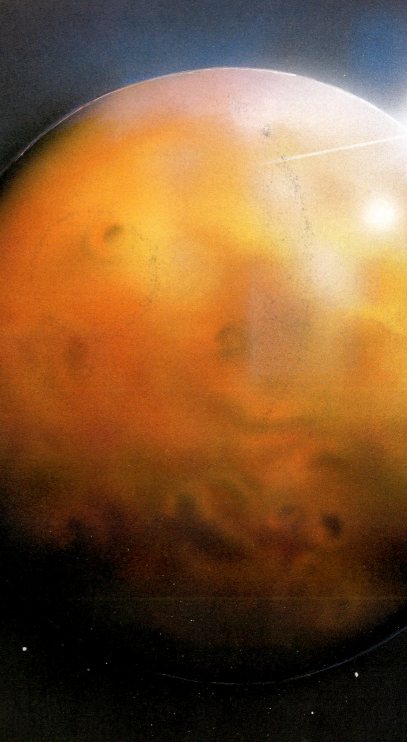

Wie sehen wir heute den Mars im Vergleich zur Erde?

Mars ist der vierte Begleiter der Sonne und gehört zur Gruppe der erdähnlichen Planeten mit einer festen Oberfläche und dünner Atmosphäre. Da er uns von der Erde aus wegen der Beschichtung seiner Oberfläche mit Eisenoxid rot erscheint, nennt man ihn auch den „roten Planeten". Der Durchmesser des Mars beträgt 6793 km. Damit ist dieser Planet nur etwa halb so groß wie die Erde (12 757 km) und fast doppelt so groß wie unser Mond (3476 km).

Die Masse des Mars ließ sich schon früh nach den Planetengesetzen von Johannes Kepler (1571-1630) aus der Umlaufdauer seiner beiden kleinen Monde sehr genau zu $6,4 \times 10^{23}$ kg berechnen, das ist fast genau 1/10 der Erdmasse. Bezogen auf das Volumen der Mars-Kugel ergibt sich daraus als mittlere Dichte ein Wert von 3,9 Tonnen je Kubikmeter. Dieser Planet ist so gesehen fast viermal schwerer als ein gleich großer, mit Wasser aufgefüllter Riesenballon. Trotzdem reicht die Anziehungskraft des Mars nur für das Festhalten einer dünnen Gashülle, die hauptsächlich aus dem für uns Menschen giftigen Gas Kohlendioxid besteht.

Der Mars umkreist die Sonne außerhalb der Erdbahn auf einer elliptischen, fast eiförmigen Umlaufbahn mit 207 Mio. km geringster und 250 Mio. km größter Entfernung von unserem Zentralstern. Ein Sonnenumlauf des Planeten bzw. ein Mars-Jahr dauert 687 Tage und

Das Sonnensystem: Die vier kleinen inneren Planeten Merkur, Venus, Erde und Mars sind durch einen Asteroidengürtel von den vier äußeren Planeten Saturn, Jupiter, Uranus, Neptun und dem am weitesten außen gelegenen, kleinsten Planeten, Pluto getrennt.

ist damit bald doppelt so lang wie ein Jahr bei uns (365 Tage). Die Rotationsdauer bzw. die Tageslänge des roten Planeten konnte dank einiger im Fernrohr erkennbarer dunkler Gebiete auf seiner Oberfläche schon von den Forschern früherer Jahrhunderte auf 24 Stunden und 37 Minuten bestimmt werden. Das sind nur 40 Minuten mehr als die Tageslänge auf der Erde. Hier zeigt sich also eine im Unterschied zu anderen Planeten überraschende Ähnlichkeit zwischen dem Mars und der Erde.

Die Drehachse des Mars ist um 24 Grad gegen die Ebene seiner Sonnenumlaufbahn geneigt. Auch dieser Wert stimmt verblüffend mit den 23,5 Grad Äquatorneigung bei der Erde überein. Diese Schieflage der Planeten bedeutet, dass bei einem Umlauf abwechselnd einmal mehr die südliche und dann die nördliche Halbkugel zur Sonne geneigt ist und intensiver von ihrer Strahlung erwärmt wird. Deshalb gibt es also auch auf dem Mars ausgeprägte Jahreszeiten mit erheblichen Temperaturschwankungen. Diese dauern aber wegen der längeren Umlaufzeit des Planeten fast doppelt so lang wie bei uns. Zudem werden die Auswirkungen der Jahreszeiten auf dem Mars noch erheblich durch die starken Schwankungen in der Sonnendistanz verstärkt oder abgemildert. Insgesamt ist es auf dem roten Planeten wegen der größeren Entfernung von der Sonne sehr viel kälter als auf der Erde.

Wann ist der Mars den Menschen erstmals aufgefallen?

Die Menschen sind nicht erst seit der Erfindung der Fernrohre am Sternenhimmel interessiert. Man weiß heute, dass schon in prähistorischen Zeiten fünf der besonders auffallenden Wandelsterne (vom griechischen planetes = Wandelsterne) bekannt waren. Außer Mars kannten die Menschen Merkur, Venus, Jupiter und Saturn. Die frühesten bekannten Aufzeichnungen vom Mars sind auf Tontafelscherben der Assyrer gefunden worden, die aus der Zeit um etwa 650 v.Chr. stammen. Danach ist der rote Planet schon vor mindestens 4000 Jahren mit einem Kriegsgott in Verbindung gebracht worden.

Doch für die frühen Menschen waren diese unbegreiflichen Himmelslichter auf ihren unbekannten Bahnen etwas völlig Anderes als es jetzt die Planeten und Sterne für uns sind. Um sie begreifen zu können, wurden die Planeten zu unbekannten Mächten erklärt, die Kräfte auf die Erde ausübten. Der rote Mars spielte bei vielen Völkern eine wichtige Rolle. Sie gaben ihm bildhafte Namen oder verbanden mit seinem Auftauchen und Verschwinden magische Kräfte. So wurde seine auffallend rote Farbe bei seinem Erscheinen stets mit Feuer und Blut, also Krieg und Verwüstung, in Verbindung gebracht.

Wie stark der Blick der frühzeitlichen Menschen auf das Universum uns auch heute noch beeinflusst, sehen wir in unserem Kalender. Denn die Anzahl der damals bekannten Wandelsterne (fünf Planeten, einschließlich der scheinbaren Planeten Mond und Sonne) wurde zu einer magischen Zahl mit göttlichen Kräften. Die enorme Bedeutung der Zahl Sieben finden wir in der Anzahl der Wochentage wieder. Der Wochentag Dienstag war dem Mars geheiligt. Vom lateinischen *martes dies* (Tag des Mars) leitet sich das französische *mardi*, das italienische *martedí* und das spanische *martes* (Dienstag) ab.

Mehr und mehr begannen die Völker in den Wandelsternen lebendige, göttliche Wesen zu sehen und aus den Unheil bringenden Kräften des Mars wurde ein Kriegsgott. Besonders die Griechen sahen in ihrem Kriegsgott Ares (Mars) einen Gesetzesverächter und hintertriebenen Bösewicht, wie es ihr Dichter Homer in seinen Göttergeschichten beschrieb. Bei den Römern wurde Ares zu dem verehrten und angebeteten Gott Mars, dessen Sohn als Stammesvater aller Römer betrachtet wird. Auch die Germanen hatten eigene Gottheiten und Mars wurde bei ihnen Ziu genannt.

Ab dem 13. Jahrhundert spielten die Planetenstellungen eine äußerst wichtige Rolle bei der Suche nach dem „Stein der Weisen" (er kann Blei in Gold verwandeln, bringt ewiges Leben). Diese mythischen und astrologischen Anfänge der Himmelsdeutung endeten mit Beginn der sogenannten Neuzeit. Eine Reihe von entscheidenden Entdeckungen und Erfindungen, sowie die revolutionären Ansichten einiger großer Denker, ermöglichten es, dass sich die wissenschaftlichen und astronomischen Methoden der modernen Forschung herausbildeten.

Eine zeitgenössische Darstellung Tycho Brahes aus dem 16. Jahrhundert

TYCHO BRAHE gilt als der beste Beobachter der Sterne in einer Zeit, als für die Beobachtung noch keine Teleskope zur Verfügung standen. Er war aber wohl auch ein sehr exzentrischer Mensch. So ließ er sich eine Nasenspitze aus Gold anfertigen, nachdem er als junger Mann die eigene bei einem Duell verloren hatte.

Anders als **KEPLER**, der Brahes Beobachtungen theoretisch analysierte und völlig neue Erkenntnisse gewann, glaubte Tycho Brahe noch nicht daran, dass sich die Erde um die Sonne bewegt.

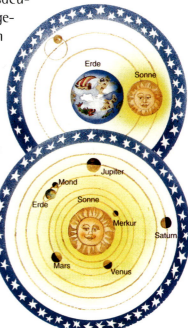

Nach dem alten geozentrischen Weltbild kreisen alle Himmelskörper um die Erde. Das heliozentrische Weltbild stellt die Sonne ins Zentrum.

KEPLER war der letzte Assistent von Tycho Brahe und entwickelte nach dessen Tod die berühmten drei Gesetze, die noch heute grundlegend für die Berechnung der Planetenbahnen sind. Eines dieser Gesetze besagt, dass die Planeten sich auf Ellipsen bewegen, in deren einem Brennpunkt die Sonne steht. 1605 kam er zu der bedeutenden Erkenntnis, dass die Mars-Bahn kein Kreis, sondern eine Ellipse ist.

Johannes Kepler, Astronom und Mathematiker des 17. Jahrhunderts

GIOVANNI D. CASSINI, Astronom und von 1650 – 1669 Professor für Astronomie in Bologna, ging danach nach Paris und wurde der erste Direktor der Sternwarte. Neben vielen neuen Erkenntnissen lieferte er die erste brauchbare Bestimmung der Entfernung zwischen der Erde und der Sonne.

Wann begann die exakte Beobachtung des Mars?

Damit sich die Menschen von der magischen Götterwelt lösen konnten, mussten sie erkennen, dass die Himmelskörper wirkliche Objekte sind. Dieser Erkenntnis konnte sich keiner mehr verschließen, als zu Beginn des 17. Jahrhunderts das Fernrohr erfunden wurde. Denn jetzt konnten die Forscher richtige Planetenkörper sehen, die sich als Scheiben von den körperlos bleibenden Lichtpünktchen der Sterne abhoben.

Der letzte große Sternenbeobachter, der noch kein Fernrohr zur Verfügung hatte, war der Däne Tycho Brahe (1546-1601). Mit einfachen Winkel- und Zeitmessgeräten erstellte er in zwanzigjähriger Arbeit sehr genaue Beobachtungstabellen vor allem des Mars. Aufgrund dieser Arbeiten konnte sein früherer Gehilfe Johannes Kepler (1571-1630) die Gesetze der Planetenbahnen entwickeln. Kepler war Theoretiker und sein einziges Werkzeug waren die Zahlen, die ihm Brahe hinterlassen hatte.

1610 blickte der erste Mensch durch ein Fernrohr: Galileo Galilei (1546-1642). Bei seinen Marsbeobachtungen konnte er noch keine Details ausmachen. Von dem Holländer Christian Huygens (1629-1695) stammt die erste Zeichnung mit echten Oberflächenmerkmalen des Mars. Es ist als Handskizze überliefert. Schon Huygens spekulierte in seinem 1689 erschienen Buch über mögliche Bewohner anderer Planeten. Und durch seine Ähnlichkeiten mit der Erde wird der Mars zu einer uns verwandten Welt, sozusagen zum „Bruder der Erde". Ein anderer Pionier der frühen Fernrohrzeit war Giovanni Cassini (1625-1703). Der Italiener fertigte einige Marsskizzen an, die bereits die typischen weißen Polkappen zeigen. Er bestimmte die Länge des Marstages auf 24 Stunden und 40 Minuten, nur 2,5 Minuten länger als der heutige Wert. Mit der Verbesserung der Fernrohre wurden die ersten Marskarten angefertigt. Eine brauchbare Karte lieferte der Astronom Giovanni Schiaparelli (1835-1910).

Das Jahr 1877 sollte das große Marsjahr werden: Die beiden Monde des Mars wurden entdeckt und die heute noch berühmten „Marskanäle" wurden zum ersten Mal erwähnt.

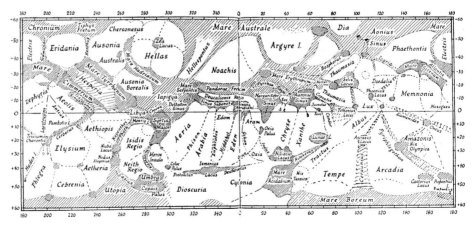

Diese sehr detailreiche Mars-Zeichnung entstand während der Oppositionen 1939 und 1941 nach Teleskop-Beobachtungen von mehreren Astronomen und auf der Grundlage hochauflösender Fotografien. Die Mars-Karte enthält auch die lateinischen Namen für fast alle, von der Erde aus erkennbaren, besonderen Formationen auf dem roten Planeten.

Warum war die Entdeckung der Mars-Kanäle so spektakulär?

Im Jahr 1878 interessierte sich plötzlich auch die breite Öffentlichkeit für die Mars-Forschung. Anlass dafür war ein Bericht des schon erwähnten italienischen Astronomen Giovanni Schiaparelli über auf dem Mars beobachtete *canali*. Dabei handelte es sich um schwer erkennbare feine, lange Linien auf hellem Grund zwischen dunklen Zonen. Die Presse griff damals diese missverständliche Formulierung von den „Mars-Kanälen" sofort auf und vermengte sie mit kühnen Spekulationen über Lebewesen auf dem Mars. Diese Berichte lösten eine regelrechte Mars-Begeisterung aus. Nicht nur viele Laien, sondern sogar manche Fachleute hielten plötzlich die Existenz von intelligenten Marsbewohnern für bewiesen. Diese wären gezwungen – so die verbreitete Ansicht – das knappe Wasser auf dem Planeten mit riesigen Kanalsystemen in ihre Wohnzentren zu leiten. Namhafte Astronomen verfassten ernstgemeinte Artikel über die der irdischen Kultur angeblich weit überlegene Zivilisation auf dem Mars und schilderten deren technische Errungenschaften in allen Einzelheiten.

Einige Astronomen bestätigten Ende des 19. Jahrhunderts das von Schiaparelli auf dem Mars andeutungsweise erkannte Netz dünner, dunkler Linien. Es gab aber auch damals schon Experten, die trotz größerer Teleskope nie einen solchen „Kanal" auf dem Mars gesehen hatten. Heute weiß man, dass manche Astronomen einer optischen Täuschung erlagen. Das menschliche Auge neigt dazu, zahlreiche und schwer erkennbare Details in großer Entfernung durch eingebildete Hilfslinien miteinander zu verbinden. Schiaparelli selbst hat seine an der Grenze des Beobachtbaren gemachten Feststellungen sehr vorsichtig bewertet. Die Interpretation der Linien auf dem roten Planeten als künstliche Wasserstraßen stammt nicht von ihm. Diese kühne Spekulation wurde von anderen Astronomen und Laienbeobachtern ins Leben gerufen – und die Presse als neues Massenmedium tat ein Übriges. Erstaunlich ist wirklich, dass die Idee der Marskanäle 90 Jahre lang diskutiert wurde. Noch 1949 behauptete ein angesehener Publizist, dass die Kanäle wirklich existieren. Erst die Bilder der Mariner 9-Sonde widerlegten alle „Kanal-Theorien" und die damit verbundenen Vorstellungen von intelligenten Lebewesen auf dem Mars.

Wie ernst die Menschen um die Jahrhundertwende die Spekulation nahmen, dass es Lebewesen auf dem Mars geben sollte, zeigt der Preis, den die Französische Akademie der Wissenschaften Ende 1900 aussetzte.

Einen Preis sollte derjenige bekommen, der als erster mit Lebewesen außerhalb der Erde in Kontakt treten würde. Der Mars wurde dabei ausdrücklich ausgeschlossen.

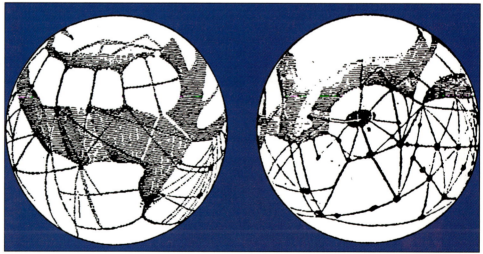

Diese Zeichnung des Mars fertigte 1895 der Amerikaner Percival Lowell (1855-1916) an. Er spielte eine zentrale Rolle in dem durch die angeblichen Mars-Kanäle entfachten Rummel. Er kam aus einer reichen Familie und war zuerst Diplomat. 1894 gründete er eine eigene Sternwarte und entwickelte in der Folgezeit in drei Büchern nun als Privatgelehrter und Marsforscher die These von Lebewesen auf dem Mars, die zwar anders aussähen als die Menschen, aber ebenso intelligent seien.

Die ersten **TELESKOPE**, die in der Astronomie benutzt wurden, waren die von Galilei (1564-1642). Sie erreichten eine bis zu 30-fache Vergrößerung. Galilei entdeckte mit ihrer Hilfe zum Beispiel die großen Monde des Jupiters und die Phasen der Venus und des Mars. Heutzutage lassen sich mit modernen Teleskopen noch Details in 60 Mio. km Entfernung ausmachen.

Welche Mars-Details zeigen die heutigen Teleskope?

Für die Astronomen in der Vergangenheit wie in der Gegenwart ist der Mars selbst im Teleskop ein von der Erde aus kleines und damit schwierig zu beobachtendes Objekt. Immer leistungsstärkere Teleskope haben uns den Mars im Lauf der Jahrhunderte jedoch schon erheblich näher gebracht. Am besten ist er zu erkennen, wenn die schneller kreisende Erde etwa alle 26 Monate auf der Innenbahn an dem langsameren Mars vorbeizieht. Dann ist dieser Planet im günstigsten Fall nur 56 Mio. km von uns entfernt und in modernen großen Teleskopen erscheint der Mars dann als kleine gelb-rötliche Scheibe. Bei der Beobachtung mit größeren Fernrohren ließen sich so bisher auf dem Mars einige dunkle Flecken und besonders deutlich die beiden hellen Polkappen erkennen. Die meiste Zeit jedoch ist der Planet viel weiter von uns entfernt und damit weniger gut zu studieren.

Das Hubble-Teleskop (1990) hat neue Möglichkeiten der Marsbeobachtung eröffnet. Es kann, da es außerhalb der störenden Atmosphäre um die Erde kreist, sehr viel bessere Bilder der Planeten als die auf der Erde stehenden Fernrohre machen. Mit ihrem 2,3 m großen Spiegel liefert diese Orbit-Sternwarte so fantastisch scharfe Bilder vom Mars, dass noch 50 km große Objekte erkennbar sind. Mit dem Hubble-Teleskop lassen sich heute die jahreszeitlichen Wechsel, die Schwankungen in der Polkappen-Größe und die Staubstürme auf dem roten Planeten fortlaufend beobachten.

Das Hubble-Teleskop von der Raumfähre Discovery aus fotografiert. Auf dieser Aufnahme ist es noch am Lenksystem des Space Shuttles angeschlossen. Die Solartafeln und Antennen sind noch nicht ausgefahren.

Die Mars-Bilder des Hubble-Teleskops aus 100 Mio. km Distanz lassen zahlreiche Oberflächen-Einzelheiten auf dem roten Planeten erkennen. Im Verlauf der Aufnahmen hatte sich der Mars um jeweils 90 Grad weitergedreht. Erfasst ist die Zeit des Übergangs von Frühling auf Sommer auf der nördlichen Halbkugel des Planeten. Solche Bilder nutzten die Amerikaner zur Vorbereitung neuer Missionen.
Das Bild oben links zeigt deutlich die vereiste Nordpolkappe mit einem dunklen Ring aus Sanddünen. Im Äquatorbereich sieht man genau auf das Gebiet, in dem am 3. Juli 1997 der Pathfinder landete.
Im Bild oben rechts sind unschwer die Tharsis Vulkane zu erkennen. Sie sind von einer dünnen Wolkenschicht umgeben.
Das Bild unten links zeigt eine wenig strukturierte Region.
Auf dem Bild unten rechts ist die dunkelste Oberfächenformation, die große Syrte, zu sehen. Nahe des Südpols liegt Hellas, ein riesiges Einschlagbecken von zweitausend Kilometern Durchmesser. Zur Winterzeit ist es mit Trockeneis überzogen und unter Wolken verborgen.

Warum glauben die Menschen immer wieder an Mars-Bewohner?

Die angeblich auf dem roten Planeten existierenden „kleinen grünen Männchen" waren nicht nur im 19. Jahrhundert ein beliebtes Gesprächsthema in der Öffentlichkeit, sondern bis in unsere Tage hat vor allem die Vorstellung von Leben auf dem Mars dem Planeten immer wieder große Aufmerksamkeit gesichert. Eine moderne Form der Mars-Hysterie kam im ersten Drittel des 20. Jahrhunderts auf, als im amerikanischen Radioprogramm das Hörspiel „Der Krieg der Welten" gesendet wurde. Die Vorlage dazu war ein 1898 von dem britischen Schriftsteller H.G. Wells verfasster Zukunftsroman, der die Invasion feindlich gesinnter Krieger vom Mars auf der Erde schildert. Diese Geschichte wurde 1938 von dem bekannten Regisseur Orson Welles so beängstigend realistisch als Radioreportage ausgestrahlt, dass während der Übertragung Tausende von Menschen in Panik aus den Häusern liefen und ins Hinterland flohen. Einige verzweifelte Zuhörer begingen sogar Selbstmord.

Das besondere Interesse der Wissenschaftler und breiter Kreise der Bevölkerung an dem Planeten Mars hat seitdem keineswegs nachgelassen. Das Interesse zeigt sich heute in wissenschaftlichen Raumsonden-Projekten, die der Erfassung von immer mehr Details über den roten Nachbarn dienen. Auch die Suche nach Leben spielt bei diesen Unternehmungen immer eine wichtige Rolle.

So boten die Viking-Bilder wieder Anlass zu Spekulationen, denn auf einigen Bildern der Mars-Oberfläche wurden unter bestimmten Beleuchtungswinkeln einige Objekte sichtbar, die wie künstliche, von intelligenten Wesen errichtete Bauwerke aussehen. Da ist vor allem die Felsengruppe zu nennen, die scheinbar die Form eines menschlichen Gesichts hat. Und es gibt die sogenannten Pyramiden, die unter einem bestimmten Lichteinfall entfernt an die ägyptischen Grabmale erinnern. Da wundert es nicht weiter, dass auch hier wieder kühne Phantasien über intelligente Marsbewohner auftauchen, von deren Zivilisation nur noch die Bauwerke übrig geblieben sind.

Auch die Entdeckung äußerst winziger Strukturen in einem auf die Erde gelangten Mars-Steinbrocken entfachte eine heftige Diskussion unter den Wissenschaftlern. Es ist denkbar, dass diese Strukturen mit Hilfe von bakterienähnlichen Organismen vor 3,6 Milliarden Jahren entstanden sind. Andere Forscher meinen, dass sich diese Strukturen auch rein anorganisch, also ohne Vorhandensein lebender Organismen, gebildet haben könnten. Vielleicht kann

Die Übertragung von „Krieg der Welten" (H.G. Wells) am 30. Oktober 1938 in der Halloween-Nacht ist so berühmt geworden, weil viele Radiozuhörer glaubten, was Orson Welles überzeugend vortrug: „Ich spreche zu ihnen vom Dach des Rundfunkgebäudes in New York City. Die Glocken, die sie hören, läuten Alarm, um mit dem Näherrücken der Marsianer die Menschen zur Räumung der Stadt aufzufordern. Schätzungsweise drei Millionen Menschen sind in den letzten zwei Stunden nach Norden geflüchtet."

Das „Mars-Gesicht"

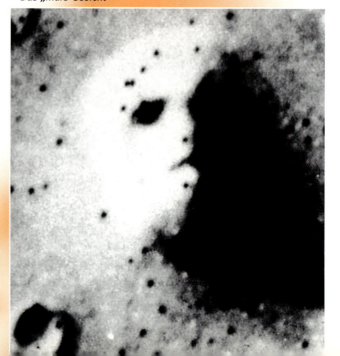

Eine Voraussetzung der modernen Mars-Forschung waren manches Mal sicherlich auch die zahlreichen Sience-Fiction Romane und Filme. Viele berühmte Mars-Forscher haben erzählt oder beschrieben, wie diese Romane ihre Fantasie als Kinder und Jugendliche angeregt haben. Und vielleicht hat der amerikanische Zukunftsautor Ray Bradbury Recht, wenn er 1974 über einen Science-Fiction Autor, der seine Geschichten auf dem Mars ansiedelte, behauptete, seine Botschaft an die zehnjährigen Jungen dieser Welt sei gewesen: „Stell dich auf die Wiese, heb die Hände hoch, flieg zum Mars...!"

die Frage, ob es jemals Leben auf dem Mars gegeben hat, mit neuen Mars-Raumsonden, die neue Experimente auf dem Marsboden durchführen, besser geklärt werden. Vielleicht kann die Frage aber auch erst eindeutig beantwortet werden, wenn einmal in Zukunft Astronauten auf dem Mars landen.

Die zeichnerische Darstellung und fotografische Abbildung sind die besten Methoden, die Oberfläche eines Planeten oder Mondes zu erfassen und bestimmte Bezugspunkte der Landschaft sowie die Entfernungen dazwischen festzulegen. Eine solche Karte ist die Voraussetzung für die genaue Steuerung einer Raumsonde sowie die Ausrichtung ihrer Instrumente auf einen Planeten und bestimmte Punkte seiner Oberfläche.

Auf welchen Voraussetzungen beruht die moderne Mars-Forschung?

Vor dem Start der ersten Mars-Sonden haben die amerikanischen Planetenforscher erst einmal alle Karten und Fotos des Planeten gründlich ausgewertet und die eindeutig erkennbaren Oberflächeneinzelheiten in ein Koordinatennetz eingefügt. In diesem über die Mars-Landschaft gedachten Netz von Orientierungspunkten konnte die Position der wichtigsten Oberflächenformationen auf Mars von ursprünglich 500 km auf 50 km Genauigkeit verbessert werden.

Mit diesen geographischen Bezugspunkten und einer genauen Bestimmung der Mars-Umlaufzeit wussten die Astronomen, welche Seite des Planeten wann und unter welchem Winkel beleuchtet wird. Das war notwendig für die Planung der Raumsonden-Missionen. Es musste vorher bestimmt werden, wann die Raumsonde auf welcher Seite an dem Planeten vorbei fliegen würde, damit die Kameras exakt auf bestimmte Oberflächeneinzelheiten ausgerichtet werden konnten.

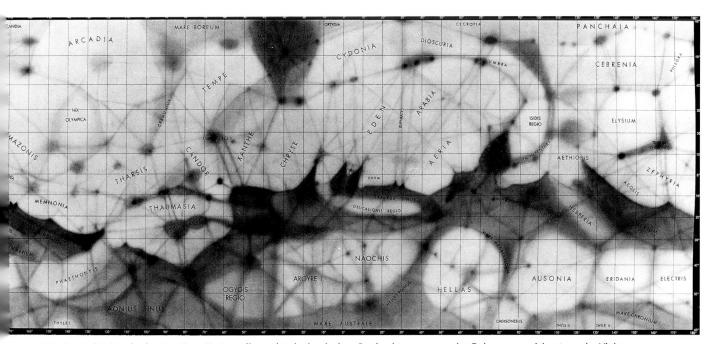

Dies ist wohl eine der besten Mars-Karten, die nach teleskopischen Beobachtungen von der Erde aus gezeichnet wurde. Viele Astronomen haben daran mitgearbeitet. Die Karte zeigt, außer den Mars-Polzonen, die wichtigsten und auffälligsten hellen und dunklen Formationen mit den dazugehörigen lateinischen Namen. Die Karte war die Grundlage für die Planung erster Missionen amerikanischer Raumsonden.

Das moderne Bild des Planeten Mars

Mars – Forschungsschwerpunkt in unserem Sonnensystem

Wesentliche Ziele der Forschung:

- Atmosphäre
- Wasser und Eis
- Tektonik
- Vulkanismus
- Sedimentation
- Erosion
- Morphologie
- Impaktphänomene
- Stratigraphie (Altersbestimmung)
- Topographie
- Chemisch-mineralogische Zusammensetzung
- Physikalische Oberflächenbeschaffenheit

Bei den **SCHWEREFELD-MESSUNGEN** stellte sich heraus, dass die Materie im Inneren des roten Planeten sehr ungleichmäßig verteilt ist. Sicher weiß man heute nur, dass Metalle und sehr schwere Gesteine das Zentrum des Planeten bilden. Die oberen Schichten werden von leichteren Gesteinsarten bestimmt. Außerdem wurden geringfügige Abweichungen des Mars von der idealen Kugelform festgestellt. Der Planet hat also einige Beulen und Dellen, die aber nur wenige hundert Meter ausmachen und optisch nicht zu erkennen sind.

Wie ist der Mars im Inneren aufgebaut?

Die Untersuchung der inneren Struktur eines Planeten ist äußerst schwierig. Selbst bei der Erde sind wir mit großem Bohrgerät nur bis in 10-12 km Tiefe vorgedrungen und haben sie dabei gerade mal angekratzt. Die Geologen sind also bei der Erforschung des inneren Aufbaus eines Planeten vor allem auf indirekte Messungen angewiesen. Eine Methode ist die Registrierung seismischer Impulse, also starker Erschütterungen an der Oberfläche eines Planeten. Daraus kann man auf seinen inneren Aufbau schließen. Bei der Erde hat sich die Analyse von Erdbeben bewährt. Viele Messstationen zeichnen rund um die Erde jede Erschütterung der Erdkruste auf. Die Veränderung der Schallwellen dieser Beben beim Durchlaufen unseres Globus gibt Hinweise auf die schalenförmige Gesteinsverteilung im Inneren der Erde.

Bei anderen Planeten sind solche Untersuchungen natürlich wesentlich schwieriger, weil mit der Landekapsel nur eine einzige Messstation verfügbar ist. Auch kommen Erschütterungen der Oberfläche beim Mars kaum vor, weil er im Kern schon fast abgekühlt ist. Deshalb versuchen Wissenschaftler mit einer anderen Messmethode mehr über das Innere des Mars zu erfahren. Das Schwerefeld, das einen Planeten umgibt, wird durch die Masse im Inneren erzeugt. Die Flugbahn der Marssonden werden wiederum durch das Schwerefeld des Planeten gelenkt. Beobachtet man nun diese Flugbahnen der verschiedenen Sonden, dann kann man indirekt Schlüsse auf die Masseverteilung im Inneren des Planeten ziehen. Dafür braucht man allerdings sehr genaue Funkmess-Methoden, die erst in den letzten Jahren enwickelt worden sind.

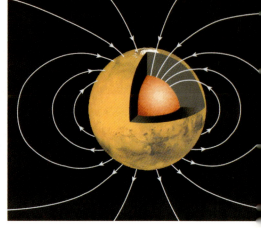

Das Modell des Mars zeigt die dicke, abgekühlte Kruste und den darunter vermuteten noch rotglühenden Zentralbereich von etwa 2000 km Durchmesser. Die langsamen Bewegungen in diesem zähflüssigen Kern erzeugen das schwache Magnetfeld, das die neue Global Surveyor-Raumsonde der Amerikaner kürzlich entdeckt hat. Die hier dargestellten hellen Linien zeigen das Ausmaß des Mars-Magnetfelds, wie es vor vielen Jahren einmal existiert haben könnte. Heute ist nur sehr wenig davon übrig, weil es im Kern kaum noch Bewegungen gibt.

Wie ist die Mars-Oberfläche beschaffen?

Schon beim Blick durch ein kleines Amateur-Teleskop entdeckt der Laie bei mindestens 100-facher Vergrößerung auf dem Mars einige Oberflächendetails. Zunächst wird er wohl eine der hellen Polkappen erkennen, dann nach einigen Minuten Eingewöhnung vielleicht auch ein oder zwei dunklere Gebiete auf dem kleinen rötlichen Scheibchen.

Die Höhenextreme der Marslandschaften reichen von 6 km Tiefe in der Hellas-Ebene (einem riesigen Einschlagbecken) bis zu dem 27 km hohen gewaltigen Vulkan Olympus Mons.

Vor der Landung von Instrumenten-Kapseln auf dem roten Planeten Mitte der Siebziger hatten die Experten nur vage Vorstellungen von der Zusammensetzung des Marsbodens, dessen rötliche Farbe auf Eisenoxide hinweist.

Die beiden Viking-Sonden landeten in einer Region, die etwa 2 km unter dem sogenannten Nullniveau liegt. Dort ist der atmosphärische Druck auf dem Mars geringfügig höher, und deshalb erhofften sich die Wissenschaftler von diesem Standort eine größere Wahrschnlichkeit, Hinweise auf die frühere Existenz von Wasser und einfachsten Lebensspuren zu finden.

Mit den beiden Röntgenspektrometern auf den Landekapseln konnte nun erstmals die chemisch-physikalische Struktur des Marsbodens analysiert werden (siehe Tabelle).

Analyse des Mars-Bodens am Landeplatz von Viking 1:	
Sauerstoff	40 %
Silizium	18,5 - 24,5 %
Eisen	12,5 - 14,5 %
Kalium	8 %
Kalzium	3 - 5,5 %
Magnesium	2,5 - 5,5 %
Schwefel	2,5 - 5 %
Aluminium	2 - 5 %
Cäsium	0,1 - 0,6 %

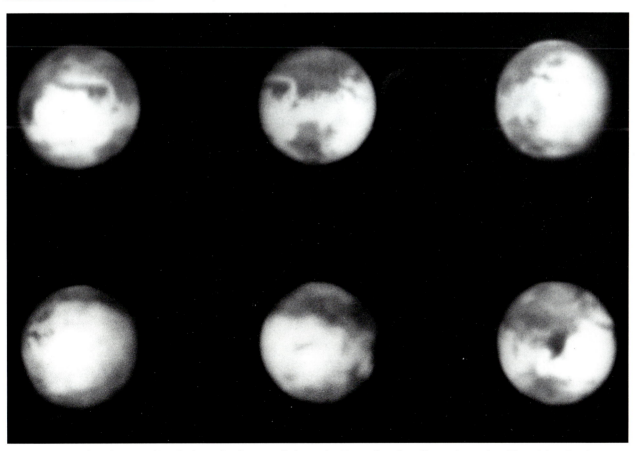

Auf diesen sechs schwarz-weiß Aufnahmen ist die Tagesdrehung des Mars erkennbar. Sie wurden 1969, während der günstigen Annäherung der beiden Planeten, im roten Licht mit dem 1,5-m-Teleskop des Catalina-Observatoriums belichtet. Mit einem Rotfilter wurden die Oberflächen-Einzelheiten auf dem Planeten sichtbar gemacht. Das kleinste erkennbare Detail hat vielleicht 50 km Durchmesser.

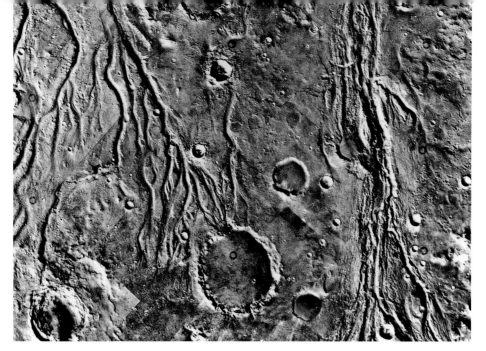

Die Mars-Oberfläche ist im Detail äußerst vielgestaltig, wie man auf der Abbildung erkennen kann. Es sieht so aus, als würden viele riesige Flusstäler durch das Gebiet ziehen. Dieses Foto-Mosaik machte der Viking 1-Orbiter über der Region Chryse Planitia. Deutlich sind auf diesem abschüssigen Gelände auch die Wege der möglichen Flussläufe durch Gebirgszüge und Krater erkennbar. Der Höhenunterschied macht immerhin drei Kilometer aus. Man hat den Eindruck, dass einige Einschlagkrater eindeutig nach Versiegen der großen Wasserfluten entstanden sind. Manche Flüsse scheinen ihren Ursprung in älteren Einschlagkratern genommen zu haben, manchmal enden sie dort auch. Die Unterbrechungen in den Ringwällen sind deutlich erkennbar.

Gab es einmal Flüsse auf dem Mars?

Eine wissenschaftliche Sensation waren die 1972 von der amerikanischen Raumsonde Mariner 9 an mehreren Stellen der Mars-Oberfläche entdeckten Flussbetten. Natürlich gibt es dort jetzt kein Wasser mehr, aber so wie die Oberflächenstrukturen geformt sind, könnte es vor Jahrmilliarden auf dem roten Planeten reißende Urstromtäler und schmale, gewundene Flussläufe gegeben haben. Die stets in abfallendem Gelände vorkommenden Flussbetten zeigen im Oberlauf oft Verzweigungen und erweitern sich schließlich zu einem Delta, um dann unversehens in der Mars-Landschaft zu verschwinden.

Während sich die Flüsse auf der Erde meist durch Schmelzwasser aus dem Gebirge bilden, entstanden sie auf dem Mars vermutlich durch das Grundwasser, das in unregelmäßigen Abständen aus dem Boden quoll und sich in die Landschaft ergoss. Eine Theorie ist, dass es vor Urzeiten auf dem Planeten sehr viel wärmer gewesen sein könnte, so dass die riesigen Eismassen im Marsboden geschmolzen wurden.

Wenn in der Vergangenheit viele Millionen Jahre lang auf dem Mars Wassermassen flossen, dann könnten sich auf dem roten Planeten vor Urzeiten einfache Lebenskeime entwickelt haben. Diese Hoffnung bewegt bis heute einige Wissenschaftler. Über die Ursachen der Erwärmung auf dem Mars vor langer Zeit spekulieren die Experten noch. Wahrscheinlich wurde die Klimaänderung durch eine Änderung der Drehachse verursacht. Außerdem, so eine weitere Annahme der Experten, muss die Mars-Atmosphäre vor Jahrmilliarden noch viel dichter gewesen sein, sonst wäre das aus dem Mars-Boden austretende Wasser schnell verdunstet.

Die Wissenschaftler wissen nicht genau, ob und wie viel Wasser es auf dem Mars wirklich gibt. Aber wenn, dann ist es tiefgefroren in der sandig-steinigen Oberfläche gebunden. Es ist nicht ausgeschlossen, dass sich in einigen Millionen Jahren die Drehachse des Mars wieder einmal ändert, so dass sich auch die Temperaturen erhöhen und das Wasser in der Oberfläche erneut schmilzt.

WASSER AUF DEM MARS
Die US-Weltraumbehörde NASA veröffentlichte im Februar 1998 Aufnahmen von der Marssonde Global Surveyor. Sie zeigen deutlich ein ausgetrocknetes Flussbett.
Es ist der erste wirkliche Beweis, dass es vor Jahrmillionen auf dem Mars Wasser gab. Bisher hatten Wissenschaftler dies nicht mit Sicherheit sagen können.

Wie entstanden die Vulkane und Krater auf dem Mars?

Wie alle Körper des Sonnensystems wurde der Planet Mars vor Urzeiten von zahllosen großen und kleinen Meteoriten aus dem Weltraum bombardiert. Sie hinterließen Tausende von Einschlagskratern. Allerdings haben die atmosphärische Verwitterung und die starken Winde auf dem roten Planeten im Lauf von Jahrmilliarden manche dieser Einschlag-Ringbecken wieder eingeebnet, so dass heute nur noch ein Teil von ihnen erkennbar ist. Das erklärt, warum es auf der Mars-Oberfläche im Vergleich viel weniger Krater gibt als auf unserem Erdmond oder auf dem Planeten Merkur. Beide haben keine Atmosphäre und die Verwitterung geht dort nur auf extreme Temperaturwechsel zwischen Tag und Nacht zurück. Dass hingegen auf der Erde fast alle früher einmal vorhandenen Einschlagskrater verschwunden sind, ist die Folge von geologischen Veränderungen an der Oberfläche und verschiedener Verwitterungsprozesse.

Charakteristisch für den Mars sind die sogenannten Schlammkrater mit den rundum abgelagerten breiartigen Resten von Auswurfmaterial. Dabei könnte es sich um erkaltete Lava aus der Tiefe des Planeten oder um aufgeschmolzenes Oberflächengestein handeln. Wahrscheinlich ist es aber der auseinandergeflossene Frostboden, der bei einem Meteoriteneinschlag erhitzt wurde und dann wieder erstarrte.

Auch die Entdeckung einer Handvoll riesiger Vulkane auf den Marsbildern von Mariner 9 war seinerzeit eine große Überraschung für die Wissenschaftler. Zwar waren die vier riesigen Vulkankegel auf der sogenannten Tharsis-Hochebene schon von der Erde aus gesichtet worden, aber ihre wahre Natur hatte man nicht erkannt. Die Schildvulkane sind etwa 250 Mio. Jahre alt und inzwischen längst erloschen. Sie konnten wegen der geringeren Schwerkraft auf dem Mars so hoch werden und sanken nicht gleich tief in den Untergrund ein, wie es bei den Vulkanen auf der Erde geschah. Der größte Lavakegel auf dem Mars ist Olympus Mons. Er hat bei 27 km Höhe einen Basisdurchmesser von 600 km. Der Kraterrand zeigt eine scharfe Kante, die Abhänge sind dagegen sehr flach. Ein Beobachter, der am Rand dieses Vulkans stände, hätte Mühe, den 300 km entfernten Gipfel zu erkennen. Zudem würde die stärkere Wölbung der Mars-Kugel auf eine solche Distanz seinen Blick beeinträchtigen. Als irdische Parallele zu den Mars-Vulkanen gilt die große Hawai-Insel im Pazifik, die 200 km Durchmesser hat und 9 km hoch ist. Von ihr sehen wir nur die obere Hälfte aus dem Wasser aufragen (siehe Grafik Seite 16).

Dieses kolorierte Fotomosaik nach Aufnahmen des Viking 1-Orbiters zeigt den Gipfel des 27 km hohen Mars-Vulkans Olympus Mons im Morgenlicht. Die aus mehreren Ringstrukturen bestehende terrassenförmige Gipfelregion hat 80 km Durchmesser und zeigt kaum Einschlagspuren, sie ist also geologisch relativ jung. Bemerkenswert sind auch die hohen Wolkenschleier und Nebelfelder am Hang des Vulkanriesen bis in 24 km Höhe. Sie bestehen hauptsächlich aus Wassereis, das sich an den Vulkanhängen abgekühlt hat. Sie sind so groß, dass sie manchmal sogar von der Erde aus erkennbar sind. Am Nachmittag des Mars-Tages lösen sich diese Eiswolken wieder auf.

Woher kommen die vielen Rillen und Dünen auf dem Mars?

Nach den Raumsonden-Bildern ist der rote Planet stärker mit Rillen unterschiedlichster Länge und Breite durchzogen als jeder andere Planet – außer der Erde. Das Spektrum reicht von den kurzen, stark gewundenen ehemaligen Flussbetten bis zum Riesencanyon Valles Marineris. Vor allem die Ränder dieses gewaltigen Grabenbruchs auf dem Mars sind äußerst vielgestaltig. Sie fressen sich wie Fjorde in die umgebende Hochebene. Aber auch auf dem sogenannten Tharsis-Rücken im Umfeld der vier großen Vulkankegel gibt es sehr viele Gräben und Rillen.

Eine andere Auffälligkeit auf der Marsoberfläche sind zudem die zahlreichen großen und kleinen Dünenfelder, wie man sie sonst nur in den Wüsten auf der Erde findet.

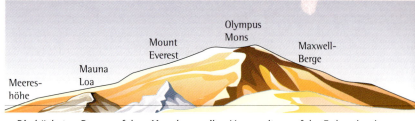

Die höchsten Berge auf dem Mars lassen ihre Verwandten auf der Erde oder der Venus (Maxwell-Berge) winzig klein erscheinen. Olympus Mons auf dem Mars hat ein über zwanzigmal so großes Volumen wie der Mauna Loa auf Hawaii. Die geringere Oberflächenschwerkraft auf dem Mars ist einer der Gründe, warum Berge dort größer werden können als auf der Erde.

Die Sandmassen auf dem roten Planeten werden vor allem durch die gewaltigen Stürme in der Mars-Atmosphäre über große Strecken weggetragen. Selbst in vielen Einschlagkratern finden sich auf relativ kleiner Fläche einige Dünenfelder. Die geringere Schwerkraft auf dem Mars und die hohen Windgeschwindigkeiten tragen dazu bei, dass die Dünen viel größer als auf der Erde und die Abständen zwischen den einzelnen Reihen viel länger sind.

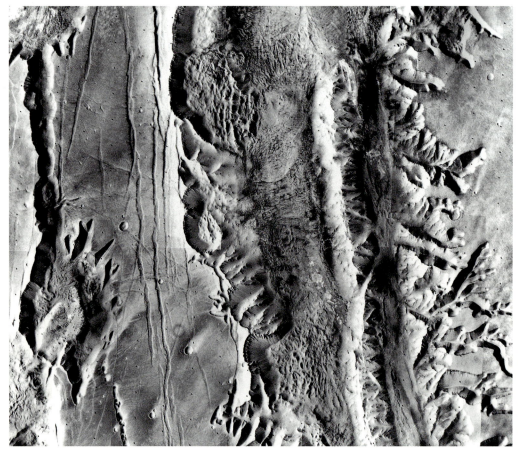

Dieses Foto-Mosaik ist aus vielen Bildern zusammengesetzt, die der Viking 1-Orbiter im August 1976 aufnahm. Es zeigt einen Teil des riesigen Canyon Valles Marineris mit seinen tiefen Rillen und Nebencanyons.

Wie entstand der Riesencanyon auf dem Mars?

Die einjährige Mission der amerikanischen Raumsonde Mariner 9 in der Mars-Umlaufbahn 1972 war überaus erfolgreich, weil sie eine Fülle eigentümlicher Oberflächenformationen auf dem Planeten entdeckte. Das geologisch eindrucksvollste Gebilde ist zweifellos der gewaltige Riesencanyon entlang des Mars-Äquators. Er hat zahlreiche Nebentäler und Verzweigungen und ähnelt dem Grand Canyon auf der Erde – nur dass er 100-mal größer ist. Dass dieser riesige Grabenbruch auf den Namen „Valles Marineris" getauft wurde, erinnert daran, dass seine wahre Natur von der Raumsonde Mariner entdeckt wurde.

Diese große Narbe in der Mars-Oberfläche liegt in dem Gebiet, das vor dem Raumsonden-Zeitalter in den offiziellen Mars-Karten lateinisch als *Coprates Regio* bezeichnet wurde. Der Canyon ist zwar von der Erde aus mit Teleskopen als abgrenzter Bereich zu erkennen, aber erst die Kameras von Mariner 9 zeigten seine riesigen Ausmaße. Er ist mehr als 4000 km lang und bis 200 km breit. Seine Tiefe schwankt zwischen 1-6 km.

Während Aufnahmen von Mariner 9 den Riesencanyon auf Mars zunächst in groben Umrissen zeigten, lieferten die Viking-Kameras dann richtig scharfe Bilder des Valles Marineris. Mit diesen Aufnahmen konnten sich die Geologen an eine Analyse der Entstehungsgeschichte machen. Der am Mars-Äquator gelegene riesige Grabenbruch ist danach wahrscheinlich durch heftige Beben in der Kruste des Mars aufgerissen worden. Eine andere Annahme ist, dass sich das Mariner-Tal ähnlich wie das atlantische Becken auf der Erde gebildet hat, das durch das Auseinanderdriften zweier Kontinent-Platten entstand. Und auch der mittelatlantische Rücken, also der große untermeerische Gebirgszug zwischen Europa und Amerika, findet in dem Mariner-Graben sein Gegenstück. Beide haben einen Mittelwulst aus erstarrter Lava.

Der Riesencanyon Valles Marineris auf dem Mars hat eine Ost-West-Ausdehnung von gut 4000 km, wie die Projektion auf eine Umrisskarte der USA zeigt. Die Nord-Süd-Breite des gewaltigen Grabenbruchs beträgt maximal 200 km, seine Tiefe erreicht an manchen Stellen 6,5 km.

Diese Aufnahme zeigt sehr deutlich, warum die beiden Asteroiden, was eine andere Bezeichnung für Planetoiden ist, als „Weltraumkartoffeln" bezeichnet werden.

Wie kam der Mars zu seinen beiden Monden?

Der rote Planet hat zwei sehr kleine Monde, die für die Astronomen von der Erde aus wegen des nahestehenden, hell überstrahlenden Planeten zu den schwierigsten Beobachtungsobjekten im Sonnensystem gehören. Um die winzigen Lichtpünktchen daneben erkennen zu können, muss das Bild des Mars abgedeckt werden. Die beiden Mini-Monde des Mars wurden im Jahr 1877 von dem Amerikaner Asaph Hall mit dem 1-m-Linsenteleskop der Sternwarte Washington entdeckt. Das war etwa zur gleichen Zeit, als der Italiener Schiaparelli erstmals von den *canali* auf Mars berichtete. Passend zur Bezeichnung dieses Planeten nach einem Kriegsgott erhielten die beiden kleinen Monde die Namen Phobos und Deimos, Furcht und Schrecken, weil Phobos und Deimos in der griechischen Sage die Begleiter des Kriegsgottes waren.

Die Größe dieser Mini-Monde ließ sich anfangs nur indirekt aus ihrer scheinbaren Helligkeit und der Annahme eines mittleren Reflektionsgrades der Oberfläche bestimmen. In den 70er Jahren ermöglichten dann Raumsonden-Bilder die exakte Vermessung. Danach ist der größere innen umlaufende Phobos 19 km x 22,5 km x 27 km groß und der weiter außen kreisende kleinere Deimos 10 km x 12 km x 15 km.

Die Entfernung der Monde vom Mittelpunkt des Mars beträgt 9450 km bei Phobos und 23 500 km bei Deimos. Sie umkreisen den Planeten in 7 h 39 min beziehungsweise 30 h 18 min. Beide in der Äquatorebene des Mars umlaufenden Trabanten wären wegen der geringen Entfernung für einen Beobachter auf dem Mars nur von einem schmalen Band entlang des Äquators zu sehen.

Sowohl Phobos als auch Deimos haben eine unregelmäßige Form. Sie sind zudem mit zahlreichen Kratern verschiedenster Größe übersät und von langen Rillensystemen durchzogen. Sie werden deshalb häufig auch als „Weltraum-Kartoffeln" bezeichnet. Ihre Oberfläche ist mit einer dunklen Staubschicht überzogen, die nur wenige Prozent des Sonnenlichts reflektiert. Die Experten sind sich einig, dass es sich bei den Mars-Trabanten um eingefangene Asteroiden handelt, d.h. um zwei Objekte aus dem zwischen Mars und Jupiter angesiedelten Gürtel von Miniplaneten. Vor vielen Jahrmillionen kamen diese beiden Körper vermutlich dem Mars so nahe dass sie von dessen Schwerkraft in eine Umlaufbahn gezwungen wurden.

DER INNERE MOND PHOBOS wird nach Analysen von Astronomen auf seiner engen Kreisbahn dem Mars allmählich immer näher kommen und in 10 - 100 Mio. Jahren auf den Planeten stürzen. Dann entsteht dort wieder ein neuer riesiger Einschlagkrater.

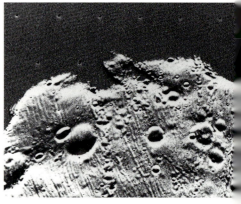

Dies ist die bisher schärfste Aufnahme des Mars-Mondes Phobos. Sie wurde vom Viking 1-Orbiter aus nur 120 km Distanz aufgenommen. Erfasst ist ein 3 km x 3,5 km großer Geländeausschnitt. Das kleinste noch erkennbare Detail ist nur 15 m groß. Bei der hohen Geschwindigkeit während der Aufnahme war eine gewisse Unschärfe nicht zu vermeiden. Die deutlich erkennbaren Rillen in der nördlichen Phobos-Hälfte sind Dutzende von Kilometern lang und 100-200 m breit. Die Oberfläche dieses Mondes scheint mit einer meterdicken Staubschicht überzogen zu sein.

Klima und Wetter auf dem Mars

Die Wahrscheinlichkeit, dass momentan irgendwo und irgendwann auf dem roten Planeten null Grad Celsius und damit der Schmelzpunkt von Wasser erreicht wird, ist äußerst gering. Deshalb sind zur heutigen Zeit die Bedingungen für die ENTWICKLUNG VON LEBENSKEIMEN auf dem roten Planeten denkbar schlecht, denn dazu wäre flüssiges Wasser erforderlich.

Die Frage ist deshalb so interessant, weil das Vorhandensein und die Zusammensetzung dieser Atmosphäre eine wichtige Voraussetzung für Leben auf diesem Planeten ist. Dass der Mars überhaupt eine Atmosphäre hat, kann man mit Hilfe der Fotografie eindrucksvoll beweisen. Werden kurz hintereinander zwei Aufnahmen des Planeten Mars jeweils mit einem roten und blauen Filter bei gleicher Vergrößerung gemacht, dann zeigen die zwei Bilder eine kleine Differenz im Durchmesser der Planetenscheibe. Die Blauaufnahme bildet hauptsächlich die Atmosphäre ab und zeigt den Mars etwas größer als die Belichtung mit dem Rotfilter, die vor allem den festen Planetenkörper erfasst. Daraus können die Wissenschaftler errechnen, dass die sehr dünne Mars-Atmosphäre 200 km hoch reicht. Über den Polen des Planeten wird im blauen Licht eine helle Wolke erkennbar, die aus Eiskristallen besteht.

Welche Zusammensetzung hat die Mars-Atmosphäre?

Die amerikanische Mars-Sonde Mariner 4 brachte den Astronomen 1965 zum ersten Mal genauere Informationen über die Zusammensetzung der Atmosphäre. Danach besteht sie zu 95 Prozent aus dem Gas Kohlendioxid. Die anderen 5 Prozent der Gashülle des Mars bestehen aus Stickstoff und dem Edelgas Argon sowie Spuren von Sauerstoff und ein wenig Wasserdampf, wie die Viking-Landekapseln meldeten. Seitdem weiß man auch, dass die Zusammensetzung der Mars-Atmosphäre in Abhängigkeit von der Jahres- und Tageszeit unterschiedlich ist.

Der atmosphärische Druck auf dem Mars ist sehr niedrig und variiert an einem Ort mittlerer Höhe und Breite zwischen 3 und 8 Millibar. Der Luftdruck auf der Erde beträgt etwa 1000 Millibar oder ein Bar. Dennoch zeigt die Atmosphäre auf dem Mars einige erstaunliche Parallelen zur Erde. So nimmt der Luftdruck mit der Höhe ab, je Kilometer um 10 Prozent. Und die Mars-Atmosphäre enthält ebenfalls eine Ozonschicht, die im Sommer über dem Pol verschwindet, wie schon die Raumsonden Mariner 6 und Mariner 7 feststellten.

Wegen des wechselnden Abstands des Planeten von der Sonne schwanken die Temperaturen auf dem Planeten sehr stark. Die Temperaturen hängen vom Breitengrad ab. Die Messungen reichen von -130 °C bis wenig unter 0 °C, wie die beiden Viking-Landekapseln bei ihrem jahrelangen Messbetrieb feststellten. Beim Lander von Viking 1, der etwa in der Mitte zwischen Nordpol und Äquator steht, wurde die niedrigste Temperatur mit -85 °C um 5 Uhr morgens kurz vor Sonnenaufgang gemessen. Der höchste Wert von -28 °C ergab sich Nachmittags um 2 Uhr Mars-Zeit, kurz nachdem die Sonne ihren höchsten Stand am Himmel überschritten hatte. An den Polen sinken die Temperaturen nachts bis -123 °C oder noch tiefer ab, wie indirekte Messungen zeigten.

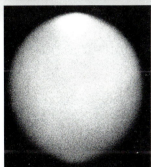

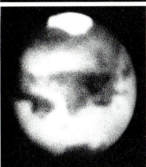

Die obere der beiden Mars-Fotografien wurde mit einem Blaufilter aufgenommen. Sie zeigt hauptsächlich die Atmosphäre des Planeten und hat einen etwas größeren Durchmesser als das untere Bild, das mit einem Rotfilter gemacht wurde und besonders die Oberflächen-Einzelheiten des roten Planeten zeigt. Deutlich ist der Bereich um die bekannte Formation Meridiani Sinus erkennbar.

Welche Auswirkungen haben die Jahreszeiten auf dem Mars?

Ganz ähnlich wie auf der Erde gibt es auch auf dem roten Planeten wegen der Neigung seiner Rotationsachse um 24 Grad gegen die Ebene der Sonnen-Umlaufbahn ausgeprägte Jahreszeiten. Diese Schräglage des rotierenden Planeten hat zur Folge, dass seine Oberfläche während der jährlichen Sonnenumkreisung stark wechselnden Strahlungsstärken und Temperaturen ausgesetzt ist.

Nicht anders als auf der Erde, so ist auch auf derjenigen Mars-Halbkugel Sommer, die beim jährlichen Umlauf gerade zur Sonne geneigt ist. Die Tage sind also lang und die Sonne steht mittags hoch am Himmel. Auf der anderen Halbkugel des Mars herrscht dann Winter. Die Sonne kann dort nur kurze Zeit am Tag unter recht flachem Winkel auf die Mars-Landschaft einstrahlen. Deshalb ist es dort kalt und an den Polzonen bildet sich Trocken- und Wassereis.

Bei Mars wird die Ausprägung der Jahreszeiten und ihre Länge noch durch den um über 40 Mio. km schwankenden Abstand des Planeten von der Sonne weiter verstärkt oder abgeschwächt. Die beiden Effekte Achsneigung und unterschiedliche Sonnenentfernung überlagern sich und verstärken die Temperaturschwankungen der Jahreszeiten oder schwächen sie ab.

Wie wir heute wissen, änderten sich zusätzlich zu den jahreszeitlichen Schwankungen die Klimaverhältnisse auf dem Mars in großen Zeiträumen von hunderten Millionen Jahren ganz erheblich. Ursache dafür waren größere, in langen Zeiträumen auftretende Schwankungen in der Neigung der Rotationsachse des Planeten zwischen 20 und 30 Grad einerseits und starke Variationen der Sonnen-Entfernungen bei der jährlichen Umkreisung andererseits. Im Ablauf von Jahrmillionen traten dadurch wahrscheinlich starke Schwankungen der Sonneneinstrahlung auf. Im Wechsel der Jahrmillionen wurde es auf dem Mars vielleicht so warm, dass das im Boden versteckte Eis schmolz und in riesigen Flüssen über die Oberfläche strömte.

Befindet sich der Mars auf seiner Umlaufbahn in größter Entfernung zur Sonne, dann herrscht auf der Nordhalbkugel Sommer, auf der Südhalbkugel Winter. Der Sommer ist wegen der großen Distanz zur Sonne relativ kühl, der Winter sehr kalt. Durchläuft der Mars seine sonnennächste Position, dann ist auf der Nordhalbkugel ein milder Winter, während auf der Südhalbkugel ein relativ heißer Sommer herrscht.

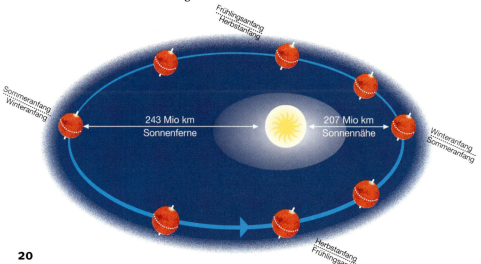

Der Mars folgt bei seiner Drehung um die Sonne einer elliptischen Bahn. In einem Brennpunkt der Ellipse steht die Sonne. Dadurch ist der Mars einmal weiter von der Sonne entfernt (Sonnenferne) und einmal kommt er näher an die Sonne heran (Sonnennähe).

Die Kameras der Viking-Sonden vermittelten ein völlig neues Bild der Nordpolar-Zone des Mars, die mit zahlreichen dünnen Schichten von Kohlendioxid-Eis bedeckt ist. Darunter hat sich eine kleine Wassereis-Kappe versteckt. Das Schwarz-weiß-Bild zeigt ein 360 km breites Gebiet, das zahlreiche Risse und Brüche sowie gletscherartige Strukturen in der Trockeneisschicht zeigt.

Warum sind die Polkappen des Mars so interessant?

Schon die ersten Mars-Beobachter waren der Ansicht, dass es sich bei den im Fernrohr erkennbaren hellen Flecken oben und unten auf der kleinen Planetenscheibe um Eisablagerungen handeln könnte. Aber erst 1951 gelang dem holländisch-amerikanischen Planetenforscher Gerard Kuiper (1905-1973) der Nachweis, dass es am Nord- und Südpol des Mars tatsächlich gefrorenes Wasser gibt.

Einige Jahre später erkannte der französische Astronom Gerard de Vaucouleurs, dass es sich bei dem dunklen Rand um die Polkappen des Mars um Feuchtgebiete handelt. Er zeigte auch, dass die hellen Pole im Sommer wirklich kleiner werden, da das Wasser verdampft. Dieser Wasserdampf über den Mars-Polen ist auch von der Erde aus in 10-20 km Höhe der Mars-Atmosphäre nachzuweisen. Er legt sich im Winter der jeweiligen Halbkugel wieder auf die Polkappe.

Die Bilder der 1969 an Mars vorbeigeflogenen amerikanischen Raumsonden Mariner 6 und Mariner 7 bestätigten, dass der Südpol des Mars zu den geologisch interessantesten Gebieten auf dem Planeten gehört. Aus der zerfurchten Landschaft können die Forscher zahlreiche Erkenntnisse über die Entstehungsprozesse der heutigen Marsoberfläche gewinnen.

Die genaue Analyse der Viking-Bilder von den Mars-Polen hat außerdem gezeigt, dass die Rotationsachse des Planeten und seine Entfernung von der Sonne im Lauf der Jahrmilliarden stark geschwankt haben muss. Wenn jetzt die nördliche Polkappe im Mars-Sommer stark abschmilzt, werden zahlreiche tiefe Gräben sichtbar, wie sie auch während der Eiszeiten auf der Erde entstanden sind. Bemerkenswert ist bei Mars auch der Gürtel aus dunklem Sand und Gestein rund um die polaren Eiskappen. In dieser offensichtlich manchmal feuchten Region glaubten frühere Mars-Beobachter gewisse Vegetationsspuren erkannt zu haben. Auf den Raumsonden-Bildern war davon aber nichts zu sehen.

Welche Veränderungen lassen sich an den Mars-Polen beobachten?

Die elliptische Umlaufbahn des Planeten mit den wechselnden Abständen zur Sonne wirkt sich deutlich auf die Jahreszeiten des Mars aus. Sie beeinflusst die Temperaturen an der Oberfläche und die Größe der Polkappen im Sommer und Winter.

Die Winter an beiden Polen sind aber kalt genug, dass sich Kohlendioxid aus der Atmosphäre als heller CO_2-Schnee niederschlägt und eine weit größere Ausdehnung erreicht als die Wassereis-Polkappen. Beim Nordpol reicht die Vereisung manchmal bis zum 40. Breitengrad herab, das würde auf der Erde bedeuten, dass auch Spanien noch vereist wäre.

Keine Einigkeit besteht unter den Wissenschaftlern über das Vorkom-

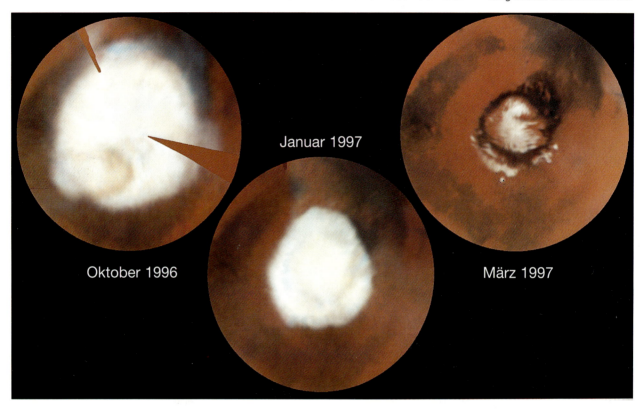

Oktober 1996 — Januar 1997 — März 1997

Die immer kleiner werdende Nordpol-Eiskappe im Verlauf eines Viertel Mars-Jahres zeigen diese drei Aufnahmen. Mit einem Kunstgriff der Bildberechnung wurden aus mehreren von dem Hubble-Teleskop belichteten Bildern des Planeten diese Polarprojektionen angefertigt. In sechs Erdmonaten ist die Schicht aus Kohlendioxid-Schnee im nördlichen Mars-Frühling völlig abgeschmolzen, so dass nur die kleine Wassereis-Polkappe übrigblieb. Deutlich wird der dunkle Ring aus feuchten Sanddünen um den eigentlichen Pol erkennbar. Das Auflösungsvermögen dieser Darstellung beträgt etwa 100 km.

Auf der südlichen Halbkugel des Mars bildet sich die Polkappe in dem kurzen Sommer zur Zeit der Sonnennähe fast ganz zurück, so dass der größte Teil der feingeschichteten polaren Landschaft zum Vorschein kommt. Die nördliche Polkappe schmilzt nie so weit ab, der Sommer fällt dort in die Zeit der Sonnenferne. Die Polkappe scheint fast vollständig aus Wassereis zu bestehen.

men großer Wassermengen an den Mars-Polen. Allein am Südpol wird wohl ein Wasser-Vorrat von ca. 500 000 km³ (Kubik-Kilometer) vermutet. Daraus könnte sich in geschmolzenem Zustand ein Mars-Ozean von 700 km x 700 km Größe und 1 km Tiefe bilden, wie amerikanische Planetenexperten aufgrund der Bilder von Mariner 9, Viking 1 und 2 berechneten.

Die Mars-Bilder von Mariner 6 und 7 lieferten eindeutige Hinweise auf atmosphärische Effekte in der dünnen Mars-Gashülle und zeugten sogar von einer Art Wettergeschehen. Vor allem beim Südpol wurden auf den damals übertragenen TV-Bildern Wolken, Rauhreif-Ablagerungen sowie Trocken- und Wassereis erkennbar. Oftmals zeigen sich solche Phänomene in den Wänden eines Kraters sowie an einem hohen Vulkan oder Berghang. Das Bild hier ist eine Weitwinkel-Aufnahme von Mariner 6 aus 5000 km Abstand und zeigt ein Gebiet von etwa 1100 km x 1500 km Ausdehnung. Ein unregelmäßiges Wolkenobjekt läßt sich oben links im Bild erkennen.

Welche Wolkenarten gibt es auf dem Mars?

Eine große Überraschung auf den Viking-Bildern war die Abbildung verschiedener Wolkenarten. Auch in der sehr dünnen Atmosphäre des roten Planeten gibt es also Wettererscheinungen, die wie auf der Erde durch Feuchtigkeit, also Wasserdampf, erzeugt werden.

Sehr ausgedehnt sind die morgendlichen Dunstschleier vor allem in den Ebenen der Mars-Landschaft. Sie entstehen kurz nach Sonnenaufgang, wenn Wärmestrahlen die dünnen Eisschichten am Boden auflösen. Die Flüssigkeit kondensiert aber beim Aufstieg in die hohe Atmosphäre schnell wieder und bildet so die großen Wolkenschleier.

Eine andere Wolkenerscheinung in der Mars-Atmosphäre sind die sogenannten Konvektionswolken. Sie entstehen, wenn Gase an der Oberfläche tagsüber erwärmt werden, in die Höhe steigen, dort wieder abkühlen und dünne Schleier ausbilden. Solche Wolken findet man vorwiegend über Hochebenen und den Abhängen der großen Vulkane. Vor allem im Sommer der nördlichen Mars-Halbkugel sind oft große Gebiete des roten Planeten mit solchen hellen Schleiern überzogen. Manchmal sind sie sogar mit großen Teleskopen von der Erde aus erkennbar.

Die Raumsonde Mariner 9 entdeckte die Wellen-Wolken in der Marsatmosphäre. Sie entstehen, wenn starke Winde über die Landschaft fegen und auf einen Vulkankegel oder eine Kraterwand treffen. Auf der vom Wind abgewandten Seite bilden sich hinter dem Hindernis wellenförmige Wolkenmuster. Solche Erscheinungen kann man auch auf der Erde beobachten, wenn ein breites Wolkenband über dem Ozean plötzlich von einer hochragenden Insel geteilt wird.

Auf dem Mars werden diese Wolken aus Trockeneis gebildet. Sie unterscheiden sich von denen aus Wasser durch eine schärfere Begrenzung.

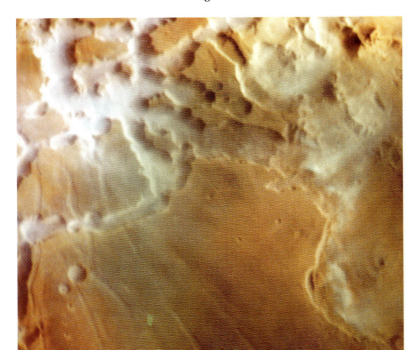

Die Aufnahme zeigt eindrucksvoll ein großes Feld von Wassereis-Wolken. Sie wurden von den Kameras der Viking 1-Sonde kurz nach Sonnenaufgang in den Tälern der Canyon-Region Noctis Labyrinthus (Labyrinth der Nacht) nahe dem Mars-Äquator aufgenommen. Das Farbbild wurde kurz hintereinander durch jeweils einen blauen, grünen und roten Filter belichtet.
Das erfasste Gebiet auf dem Mars ist etwa 100 km x 100 km groß. Deutlich heben sich die hellen Wasserdampf-Schwaden gegen den rostroten Untergrund des Mars-Bodens ab.

Wie entstehen die Sandstürme auf dem Mars?

Die im Verlauf eines Mars-Jahres und schon während eines Tages stark schwankenden Temperaturen bewirken heftige Turbulenzen in der dünnen Atmosphäre. Daraus entwickeln sich regelmäßig örtlich begrenzte wie auch sehr ausgedehnte Staubstürme. Sie können sogar so groß werden, dass sie den ganzen Planeten einhüllen und keine Oberflächen-Einzelheiten mehr erkennen lassen.

So ein globaler Staubsturm herrschte auch zum Jahreswechsel 1971/72, als die amerikanische Raumsonde Mariner 9 den Planeten erreichte. Sie konnte deshalb einige Wochen lang trotz ihrer Kameras und vielen Instrumente nichts „sehen". Auch zwei sowjetischen Mars-Sonden und ihren planmäßig abgesetzten Landekapseln dürfte der damalige Staubsturm zum Verhängnis geworden sein, denn sie übermittelten keine Daten.

Auffällig ist die Bildung solcher Staubstürme, wenn der Mars der Sonne besonders nahekommt (Sommer auf der Südhalbkugel). Die um 45 Prozent gesteigerte Wärmestrahlung hat heftige Windbewegungen in der Mars-Atmosphäre zur Folge. Dabei werden Geschwindigkeiten von 400-500 km/h erreicht, wie sie auf der Erde selbst bei einem Orkan bisher niemals gemessen wurden. Die höchsten auf der Erde gemessenen Windgeschwindigkeiten liegen bei maximal 200 km/h.

Die regelmäßigen Sandstürme sind ein wesentlicher Motor der Erosion auf dem Mars, also der allmählichen Verwitterung und Einebnung seiner Oberfläche. In kurzer Zeit werden große Sandmengen mit hoher Geschwindigkeit über die Mars-Landschaft geweht und schmirgeln die Oberfläche gewissermaßen ab, während an anderen Stellen wie bei der Dünenbildung wieder neue Sandhügel aufgetürmt werden.

Ein anschauliches Beispiel für die Erosion auf dem Mars ist das Valles Marineris. Die älteren Ablagerungen sind schon weitgehend verwittert und abgeschliffen, wobei der heftige Wind und die Sandstürme eine wichtige Rolle gespielt haben dürften. Einige härtere Stellen im Boden des Mars-Grabens haben dieser Winderosion aber widerstanden und ragen über ihre Umgebung hinaus. Die windabgewandte Seite zeigt tropfenförmige Sandablagerungen.

Die Staubstürme auf dem Mars können oft wochenlang dauern und die Atmosphäre verdunkeln, was Auswirkungen auf das Klima hat. So beeinflussen sie ganz besonders die Zunahme und Abnahme der Eiskappen auf den Polen, was wiederum den Wasserdampf-Gehalt der Atmosphäre und damit die Beschaffenheit des Sandes verändert. Wenn er feucht ist, kann er nicht so leicht vom Wind aufgewirbelt werden wie trockener, lockerer Sand. Das Mars-Klima wird also von vielen verschiedenen Faktoren bestimmt, die sich laufend gegenseitig beeinflussen.

Die Entstehung eines Staubsturms in der dünnen Mars-Atmosphäre konnten die Kameras des Viking 2-Orbiters beobachten. Das hier gezeigte Wirbelzentrum liegt in dem großen, südlich gelegenen Argyre-Einschlagbecken und hat etwa 300 km Durchmesser. Sandstürme in der Mars-Atmosphäre stören die Wissenschaftler, weil die Sicht auf den Planeten beeinträchtigt wird. Andererseits ist natürlich die Beobachtung von Beginn, Verlauf und Ende eines solchen riesigen Sandsturmes auf dem Mars auch sehr interessant.

Die ersten amerikanischen Mars-Raumsonden

Wie haben uns Raumsonden den Mars nähergebracht?

Nachdem die Astronomen jahrtausendelang an die Erde gefesselt waren und erst seit einigen Jahrhunderten wenigstens mit dem Fernrohr die Distanz zu den Planeten verringern konnten, erhielten sie nun mit den Planetensonden ein re-

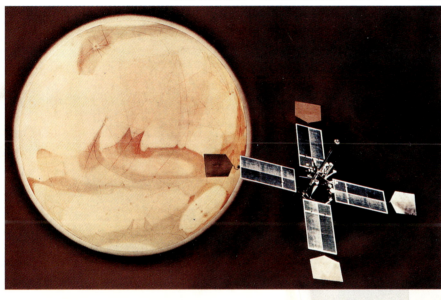

Bevor die ersten amerikanischen Raumsonden zum Mars geschickt wurden, veröffentlichte die NASA einige sogenannte artist views (Illustrationen) der geplanten Missionen. Sie sollten dem breiten Publikum den Ablauf und die Aufgaben der Missionen vor Augen führen. Diese Abbildung zeigt den Instrumententräger Mariner 4 mit den vier charakteristischen Solarzellenpanelen im Anflug auf den roten Planeten. Auf dem Modell des Mars sind einige der typischen Oberflächenformationen zu erkennen, wie sie von der Erde aus mit großen Teleskopen auszumachen sind.

volutionär neues Beobachtungswerkzeug. Die moderne Raketen- und Satellitentechnik ermöglichte eine völlig neue Forschungsmethode. Mit Hilfe von Raumsonden konnten nun Teleskope und andere Instrumente ganz nahe an die Planeten – von Merkur über Mars bis Neptun – herangebracht werden. Damit sind viel genauere Beobachtungen und Untersuchungen dieser fernen, fremden Welten möglich geworden. Erst mit den Raumsonden, die in den USA und der Sowjetunion entwickelt wurden, haben wir das tatsächliche Aussehen der Planeten, ihre Oberflächen und die Zusammensetzung ihrer Atmosphäre sowie ihre Monde und Ringsysteme erkannt. Bald nach dem Start der ersten Erdsatelliten in den Jahren 1957/58 begannen die beiden Raumfahrtnationen auch mit der Entwicklung erster Planetensonden.

In den 60er Jahren entbrannte ein Forschungswettbewerb auf dem Gebiet der Raumfahrt zwischen den beiden Großmächten USA und Sowjetunion, der zu unterschiedlichen Ergebnissen führte. So waren die Amerikaner mit ihren Raumsonden bei der Erforschung des Planeten Mars besonders erfolgreich. Die sowjetischen Forscher hatten mehr Glück bei der Erkundung der Venus, die innerhalb der Erdbahn um die Sonne kreist.

Die Strategie der Erkundung der Planeten mit Raumsonden wurde mit der Zeit immer „gezielter". Anfangs gab es Vorbeiflugmissionen mit nur kurzer Messphase. Anschließend wurden Orbiter gestartet, die in eine Satellitenbahn um den Planeten einschwenkten und ihn so längere Zeit untersuchen konnten. Ein weiterer riesiger Fortschritt wurde erreicht, als die amerikanischen und sowjetischen Experten bei der Mars- und Venus-Forschung Raumsonden starteten, die mit Landekapseln ausgerüstet waren. Diese Lander tauchten in die Atmosphären dieser Planeten ein und landeten auf ihrer Oberfläche.

Scharfe Aufnahmen der gesamten Mars-Oberfläche und der beiden kleinen Monde lieferten diese neuen Spezialkameras, die auf den beiden Viking-Orbitern mitgeführt wurden. Die Optiken hatten beide 1/2 m Brennweite und waren sehr lichtstark. Die auf eine elektronische Ladefläche entworfenen Bilder wurden mit 1056 Zeilen zu je 1182 Pixels abgetastet, die mit der Information über die Grauwerte zur Erde übertragen wurden. Mit einem Filterrad waren Aufnahmen auch in einzelnen Bereichen des elektromagnetischen Spektrums möglich, wie sie für Farbbilder gebraucht werden. Aus 1500 km Abstand machten die Kameras Bilder der Mars-Oberfläche mit 80 km x 80 km Kantenlänge, die ein Auflösungsvermögen von 40 m erreichten.

Die amerikanischen Mars-Raumsonden werden vom JET PROPULSION LABORATORY, dem Labor für Strahlantriebe, gebaut. Dieses spezielle Forschungszentrum der NASA liegt in Pasadena bei Los Angeles (Kalifornien). Dort versammeln sich seit Jahrzehnten die Experten der Planetenforschung, um neue Projekte zu entwickeln und die entsprechenden Raumsonden zu bauen. Dort wird auch die oft jahrelange Reise der Raumsonden zu ihrem fernen Ziel überwacht und ihr Einsatz bei den jeweiligen Planeten gesteuert.

Jetzt konnte nicht nur die Oberflächenbeschaffenheit der Planeten aufgenommen, sondern auch Bodenproben analysiert werden. Diese Weiterentwicklung der Raumfahrttechnik hatte aber auch negative Begleiterscheinungen. Je besser die Planetensonden ausgerüstet wurden, umso schwerer wurden sie. Die Viking-Raumsonden sind dafür ein gutes Beispiel.

Das Gewicht einer Viking-Raumsonde entsprach mit 3,5 Tonnen dem Gewicht von zwei großen Mercedes-Limousinen. Die Doppel-Mission kostete rund 2 Milliarden Dollar. In Zeiten dramatischer Kürzungen im amerikanischen, russischen und auch europäischen Raumfahrthaushalt haben solche Großprojekte keine Chance mehr. Die NASA verfolgt deshalb seit Ende der 80er Jahre ein neues Konzept: *faster, cheaper, better*. Diese Forderung nach „schneller, billiger, besser" bestimmt auch heute noch die Mars-Forschung mit Raumsonden. Große Fortschritte in der Leichtbautechnik und bei der Verkleinerung von Elektronikkomponenten, Kameras und anderen Messgeräten ermöglichen es, diese Anforderungen zu erfüllen. Nach der langen Pause seit

dem Viking-Programm will die amerikanische NASA in Zukunft bei jedem günstigen „Startfenster" alle zwei Jahre zwei kleinere, preiswerte Instrumententräger zu dem Planeten starten.

Die ersten beiden Raumsonden neuen Typs sind schon eingesetzt worden und waren sehr erfolgreich. Der Ende 1996 gestartete und im Sommer beziehungsweise Herbst 1997 eingetroffene Mars-Pathfinder mit dem kleinen Rover Sojourner und auch der Mars Global Surveyor haben ihr Ziel erreicht und die neuen Möglichkeiten der NASA gezeigt.

Der kleine Sojourner ist momentan mit das fortschrittlichste Gerät, das die amerikanische Planetenforschung zu bieten hat.

Die besondere technologische Herausforderung bei der **KONSTRUKTION EINER RAUMSONDE** besteht in der Dauer der Planetenmissionen. Der elektronisch-optische Instrumententräger muss während des langen Transferfluges im kalten Weltraum zuverlässig am Leben gehalten werden, bis er dann am Reiseziel zu einer meist ebenso langen Arbeitsphase aktiviert wird.

Das **TEMPERATURREGELUNGSSYSTEM** sorgt dafür, dass die empfindlichen Geräte bei Temperaturen von −100 °C oder tiefer nicht vorzeitig den Kältetod sterben. So funktionierten die Viking-Sonden bis zu vier Jahren. Beim Pathfinder überlebten die Geräte nur ein Vierteljahr.

Wie funktioniert eine Raumsonde?

Die ersten Elektronik-Roboter für Venus und Mars wurden Anfang der 60er Jahre sowohl von den Amerikanern als auch von der Sowjetunion auf der Basis der erfolgreichen Mondsonden konstruiert. Eine solche Sonde muss nicht nur die wissenschaftlichen Instrumente transportieren, sondern auch über Monate hinweg ihren Forschungseinsatz sichern.

Den Kern einer Raumsonde bildet meist der sogenannte Zentralkörper, in dem alle notwendigen Betriebssysteme und elektronischen Apparaturen untergebracht sind. Dazu gehören der Bordcomputer mit dem Zeitgeber zur Steuerung aller Bahn-, Lage- und Messmanöver und die Funkanlage zum Senden und Empfangen von Informationen. Im Zentralkörper befindet sich auch ein Datenspeichergerät und Temperaturregelungssystem. Dieses System sorgt dafür, dass die empfindlichen Geräte im Inneren des Zentralkörpers nicht zu kalt oder zu warm werden.

Alle bisher gestarteten Mars-Raumsonden waren mit Solarzellen auf großen, ausklappbaren Panelen ausgerüstet, welche die Raumsonde mit Energie versorgten. Sie wandeln Lichtstrahlen in elektrische Energie um, die zum Betrieb der Raumsonden-Systeme und der wissenschaftlichen Instrumente bei der Forschungsarbeit an dem fremden Planeten gebraucht wird. Auf diese Weise können nur einige hundert Watt elektrische Leistung erzeugt werden, d.h. nicht mehr als z.B. die Glühbirnen in einer kleinen Wohnung verbrauchen. Die Systeme und Instrumente einer Raumsonde müssen also mit sehr wenig Energie auskommen, von der ein großer Teil oft schon zum Heizen besonders empfindlicher Geräte gebraucht wird.

Für die Funkverbindung zur Erde sind alle Raumsonden mit leistungsfähigen Sendern und Antennen ausgerüstet, die mit ihrer „Schüsselform" die Funkstrahlen stark bündeln, damit sie auf der Erde gut zu empfangen sind. Je größer die Antenne, desto mehr Informationen pro Zeiteinheit kann übermittelt werden, wenn genügend Sendeenergie verfügbar ist.

Bei der Planung des Vorbeiflugs einer Raumsonde an einem Planeten müssen viele Faktoren bedacht werden, um ein Maximum an Informationen über diese ferne Welt zu erhalten. Die rasch wechselnde Position der Sonde im Verhältnis zum Planeten und dessen augenblicklicher Stand zur Sonne wie zur Erde bilden die Grundlage für den Einsatz der Instrumente. Die TV-Kameras sind auf gute Beleuchtung angewiesen. Die anderen Instrumente können teilweise auch auf der Nachtseite des Planeten arbeiten. Auch die unvermeidliche Abschattung der Erde durch den Zielplaneten muss berücksichtigt werden, weil sich dann keine Funksignale übermitteln lassen.

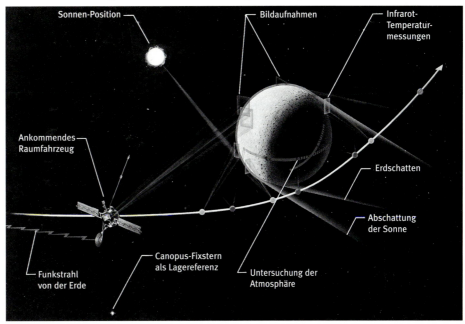

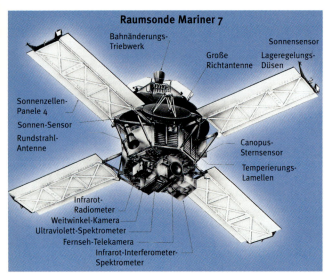
Raumsonde Mariner 7

Mit der Antenne werden auch die von der Erde kommenden Steuerungsbefehle für die Raumsonde empfangen. Meist ist die Antenne an einem steuerbaren Ausleger befestigt, mit dem sie auf die Erde ausgerichtet werden kann.

Ein leistungsfähiges Lageregelungssystem, mit dem sie während des langen Fluges und am fernen Reiseziel exakt positioniert werden kann, ist für eine Planetensonde unerlässlich. So müssen die Solarpanele auf die Sonne und die Antenne zur Datenübertragung auf die Erde zeigen. Die Messinstrumente dagegen müssen exakt auf den Planeten und die ausgesuchten Zielgebiete gerichtet sein. Die Lageregelung einer Raumsonde wird mit kleinen Steuerdüsen erreicht, die am Zentralkörper befestigt sind. Diese Miniraketen werden mit Hydrazin betrieben, das in einem speziellen Tank unter hohem Druck mitgeführt wird. Als Lagereferenzen zur Ausrichtung der Raumsonde dienen die Sonne und ein heller Fixstern, die laufend angepeilt werden. Zudem hat man heute auch *Starmapper*, die eine gespeicherte Himmelskarte mit den beobachteten Sternen vergleichen und daraus die Koordinaten berechnen. Ergibt sich eine Abweichung der Orientierung von dem vorausberechneten Wert, dann befiehlt der Steuercomputer einen Korrekturimpuls mit einer oder mehreren der kleinen Hydrazin-Düsen. Allerdings werden für die großen Bremsmanöver, die das Einschwenken in eine Planetenumlaufbahn einleiten, eigene Triebwerke mitgeführt.

Schließlich sind Raumsonden noch mit einem leistungsfähigen Bahnkorrektur-System ausgerüstet, mit dem Ungenauigkeiten in der Flugbahn zu dem Zielplaneten ausgeglichen werden können. Über ein kleines Raketentriebwerk werden die nötigen Steuerimpulse gegeben. Der Treibstoff dafür befindet sich in speziellen Tanks. Bei den modernen Orbiter-Raumsonden sind das Bahnkorrektur- und Lagekontrollsystem kombiniert.

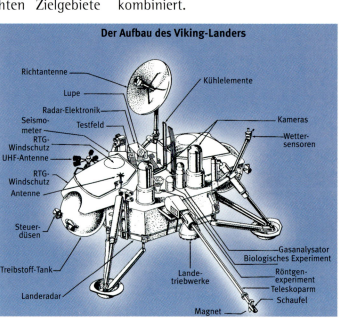
Der Aufbau des Viking-Landers

Häufig gehören Infrarot- und Ultraviolett-Spektrometer zur **INSTRUMENTENAUSSTATTUNG DER RAUMSONDE**. Damit lassen sich die chemische Zusammensetzung und die Feuchtigkeit der Mars-Oberfläche sowie die Bestandteile der Atmosphäre, ihre Dichte und Temperatur bestimmen. Die meisten Raumsonden haben zudem ein Magnetometer an Bord zur Feststellung eines Magnetfelds und eines damit verbundenen Strahlengürtels. Oft gehört ein Instrument zur Registrierung von kleinen Meteoriten zur Ausrüstung. Gelegentlich sind die Elektronikroboter auch mit speziellen Antennen zum Erfassen der kosmischen Radiostrahlung ausgerüstet.

Eine Raumsonde hat begrenzte Energievorräte und Sendestärke. Dazu kommen die sehr langen Strecken, die die Sonden auf ihren interplanetaren Reisen zurücklegen. Nur mit besonders großen und empfindlichen Antennenschüsseln auf der Erde lässt sich die **FUNKVERBINDUNG** zu einer Raumsonde aufrechterhalten. Die amerikanische Raumfahrtorganisation hat für ihre zahlreichen Planetensonden-Projekte das Deep Space Network (DSN) errichtet, ein Netz von 26 m, 34 m und 70 m großen Antennen für den Empfang auch schwächster Funksignale. DSN-Stationen wurden rund um den Erdball eingerichtet, sodass bei der täglichen Drehung der Erde immer eine Antenne auf die fernen Planetensonden ausgerichtet werden kann.

Eine Aufnahme aus dem JPl-Kontrollzentrum in Pasadena, Kalifornien.

Wie gelangen die Messwerte zur Erde?

Da alle Ergebnisse einer Raumsonde zur Erde gefunkt werden müssen, ist die Übertragungsgeschwindigkeit sehr wichtig. Alle Daten, auch die Fotos, werden digital übermittelt. Das bedeutet, dass jedes Marsbild in Hunderte von Bildzeilen und jede Zeile in Hunderte von Bildpunkten zerlegt wird. Jeder dieser Bildpunkte wird in einer von 256 Helligkeitsstufen, von Weiß über Grau bis Schwarz, dargestellt. Die Bildpunkte werden dann in Form von „Päckchen" übermittelt. So ein Päckchen enthält eine bestimmte Anzahl von Bildpunkten. Anfang und Ende der Päckchen werden digital gekennzeichnet und linear, d.h. eins nach dem anderen zur Erde gefunkt. Dort kann das ursprüngliche Bild dann wieder zusammengesetzt werden.

Die kleinste Informationseinheit einer digitalen Übertragung ist das Bit. 1965 benötigte die Mariner 4-Sonde über 8 Stunden für die Übertragung eines Bildes, mit einer Übertragungsrate von nur 8,3 Bit pro Sekunde (bps). Die Viking-Sonden konnten 16 200 bps übertragen, so dass eine Bildübertragung nur noch wenige Minuten dauerte.

Das Bild zeigt eine der 70 m großen Antennen in Kalifornien.

Welche Ergebnisse übermittelte Mariner 4?

Ende 1964 startete die amerikanische Raumfahrtorganisation NASA ihre ersten beiden Mars-Raumsonden. Aber nur Mariner 4 überstand den Start mit einer Atlas-Rakete am 28.11.1964 und sendete den Forschern auf der Erde nach der halbjährigen Flugreise im Sommer 1965 einige sensationelle Nahaufnahmen der Mars-Oberfläche.

Am 14. Juli 1965 flog Mariner 4 in 9600 km Entfernung am Mars vorbei und lieferte 16 auswertbare Bilder von etwa einem Prozent der Planetenoberfläche. Darauf wurden zur großen Überraschung der Wissenschaftler etwa 70 Einschlagskrater von 5-120 km Durchmesser sowie einige Gebirgszüge und Ablagerungen von Rauhreif entdeckt.

Außerdem bestätigte Mariner 4 die schon von der Erde aus festgestellte dünne Kohlendioxid-Atmosphäre und die sehr niedrigen Temperaturen auf dem Planeten. Ein Magnetfeld um den Planeten wurde nicht nachgewiesen.

Dutzende großer und kleiner Meteoritenkrater entdeckte die amerikanische Raumsonde Mariner 4 mit ihrer einfachen Kamera auf dem Planeten Mars, als sie im Sommer 1965 daran vorbeiflog. Diese auf dem Planeten existierenden Einschlagbecken waren damals eine große Sensation, denn solche Krater hatte man bis dahin nur auf dem Erdmond gesehen. Überraschend waren auch die Hinweise auf Eisablagerungen und Wolkenschleier, die auf einigen der noch recht groben Mars-Bilder zu erkennen waren.

Die erste amerikanische Mars-Raumsonde wog 262 kg, war 3 Meter hoch und hatte eine Spannweite von 7 Metern. Die vier Solarzellenpanele lieferten beim Mars knapp 200 Watt elektrische Leistung, das entspricht dem Verbrauch zweier starker Glühbirnen. Die Instrumentierung von Mariner 4 war noch sehr einfach, das wichtigste Instrument war die kleine Kamera.

Warum wurden immer zwei Sonden gestartet?

Die Erfolgsaussichten der oft jahrelang vorbereiteten Missionen werden durch den Start von zwei Raumsonden um 100 Prozent erhöht. Geht ein Start schief, wie zum Beispiel bei Mariner 3, kann die Mission mit der verbliebenen Raumsonde immer noch erfolgreich zu Ende geführt werden.

Wie waren Mariner 6 und 7 aufgebaut?

Vier Erd- oder zwei Marsjahre nach dem Erfolg von Mariner 4 entsandten die Amerikaner zwei neue Raumsonden zum roten Planeten. Diesmal klappte der Doppelstart mit Atlas-Centaur-Raketen am 25.2.1969 und 27.3.1969 ausgezeichnet. Mit einer verbesserten technischen Ausrüstungs- und Messgeräte-Kombination sollten die beiden neuen Forschungsroboter dem Mars weitere Geheimnisse entlocken.

Mariner 6 und 7 waren deutlich größer und schwerer als Mariner 4. Die vier Solarzellenpanele lieferten beim Mars 370 Watt elektrische Leistung für den Betrieb der zahlreichen Apparaturen. Die Raumsonden wogen beim Start einschließlich der Instrumente 412 kg. Die wissenschaftlichen Instrumente hatten ein Gewicht von 51 kg. Die Informationen konnten mit maximal 16 200 Bits je Sekunde zur Erde übertragen werden, also schon zweitausend Mal mehr als noch bei Mariner 4.

Der Bordcomputer hörte auf 128 Kommandoworte zur Steuerung der einzelnen Systeme und Instrumente von der Erde aus. Der Magnetbandspeicher hatte eine Kapazität von 195 Mio. Bit, was die Aufzeichnung von 37 Schwarzweißbildern erlaubte. Zum ersten Mal waren die Forschungsinstrumente von Mariner 6 und 7 auf einer nach allen Seiten schwenkbaren Plattform montiert.

Die beiden lichtstarken Fernsehkameras hatten 50 mm und 500 mm Brennweite für Weitwinkel- und Nahaufnahmen der Mars-Oberfläche. Dazu kamen noch drei Infrarot- und Ultraviolett-Sensoren zur Untersuchung der chemischen und physikalischen Eigenschaften der Mars-Oberfläche und der Atmosphäre.

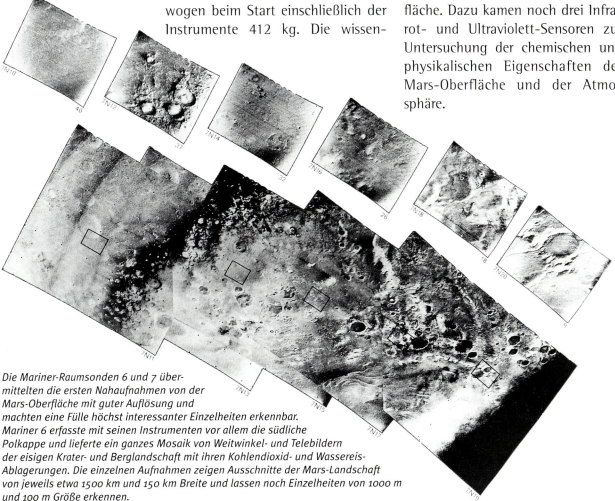

Die Mariner-Raumsonden 6 und 7 übermittelten die ersten Nahaufnahmen von der Mars-Oberfläche mit guter Auflösung und machten eine Fülle höchst interessanter Einzelheiten erkennbar. Mariner 6 erfasste mit seinen Instrumenten vor allem die südliche Polkappe und lieferte ein ganzes Mosaik von Weitwinkel- und Telebildern der eisigen Krater- und Berglandschaft mit ihren Kohlendioxid- und Wassereis-Ablagerungen. Die einzelnen Aufnahmen zeigen Ausschnitte der Mars-Landschaft von jeweils etwa 1500 km und 150 km Breite und lassen noch Einzelheiten von 1000 m und 100 m Größe erkennen.

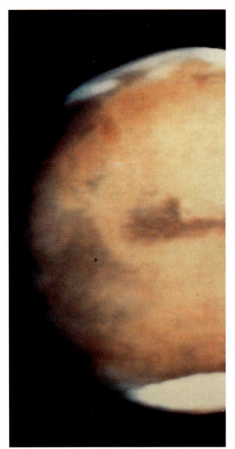

Mariner 9 lieferte auch die erste Farbaufnahme von dem roten Planeten, was damals eine kleine Sensation war. Im Zentrum dieses halben Bildes vom Mars ist deutlich die Formation Sinus Meridianus erkennbar, im Süden die große helle Winter-Polkappe und im Norden ausgedehnte Wolkenschleier. Das Farbbild entstand durch Belichtung von drei Aufnahmen mit Blau-, Grün- und Rotfilter kurz hintereinander, aus denen in der Bodenkontrolle das Farbbild kombiniert wurde. Das damals noch aufwendige und zeitraubende Farbbild-Verfahren konnte angesichts der begrenzten Funkkapazität der Raumsonde nur selten angewandt werden.

Wie verlief die Mission von Mariner 6 und 7?

Mariner 6 startete am 25.2.1969 und flog am 1. August 1969 in einer Entfernung von 3430 km am Mars vorbei. Aber schon einige Tage vorher machte die Telekamera aus größerer Entfernung 50 Aufnahmen, die über die Länge eines Marstages verteilt, aufgenommen wurden. Damit konnten unterschiedliche Ansichten des rotierenden Planeten gewonnen werden. Bei der eigentlichen nahen Passage der Raumsonde gelangen weitere 24 Weitwinkel- und Telebilder, vor allem von der Äquatorregion. Darauf waren nun erstmals noch 200 m große Einzelheiten der Mars-Oberfläche erkennbar.

Mariner 7 startete am 27.3.1969 und machte beim Anflug auf den Mars 58 Telebilder der Tagesrotation. Bei der Nahpassage am 5. August in 3200 km Entfernung gelangen weitere 33 Weitwinkel- und Telebilder speziell von der Südpol-Region des Mars. Auch die Ultraviolett- und Infrarotspektrometer lieferten wichtige Informationen über die Temperaturen auf dem Mars und über die Zusammensetzung beziehungsweise den Feuchtigkeitsgehalt seiner Oberfläche und der Atmosphäre. Bei Temperaturmessungen wurden Werte von –21 °C am Äquator und von –158 °C am Südpol festgestellt.

In der mit Kohlendioxid-Schnee und Wassereis bedeckten Südpol-Region des Mars wurden einige Bergzüge und Täler entdeckt. In der Marsatmosphäre fanden die Mariner-Instrumente geringe Anteile von Ammoniak und Methan.

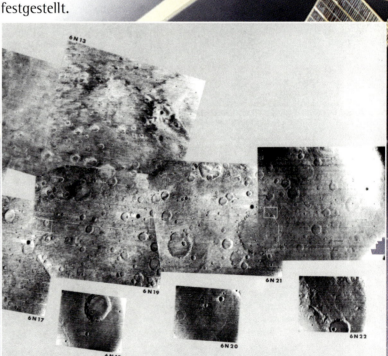

Die sensationell detailreichen Marsbilder von Mariner 6 und 7 zeigen viele runde Meteoritenkrater in einer Größe von 400 m bis 400 km Durchmesser. Diese Gebilde sind wesentlich flacher als zum Beispiel die Krater auf unserem Erdmond und einige haben einen Zentralberg. Das größte von einem Meteoritenaufschlag erzeugte Becken auf dem Mars ist die gewaltige Hellas-Region, die geologisch relativ jung sein dürfte – also vielleicht vor einigen hundert Millionen Jahren entstand.

Warum war die Mission von Mariner 9 besonders wichtig?

Bei der nächsten günstigen Stellung von Erde und Mars zwei Jahre nach dem Erfolg von Mariner 6 und 7 starteten die Amerikaner zwei weitere Raumsonden. Das Neue an dieser Mission war, dass die Raumsonden erstmals in eine Satellitenbahn um den roten Planeten einschwenken sollten. Geplant war, ihn auf verschiedenen Bahnen zu umkreisen und mit verbesserten Sensoren zu erforschen. Auch bei dieser Mission gelang wieder nur der Start einer Raumsonde, so dass nur der am 30.5.1971 gestartete Mariner 9 den Mars erreichte.

Diese Raumsonde war ähnlich aufgebaut wie die beiden vorangegangenen Mars-Späher, aber die Abmessungen waren vergrößert und die Ausrüstung verbessert worden.

Ein neues Bauelement war das auf die Zentralstruktur montierte Triebwerk mit zwei je 76 cm großen Kugeltanks für die Treibstoffe zum Einschuss von Mariner 9 in die Mars-Umlaufbahn.

Die vier Solarzellenpanele konnten so beim Mars 450 W elektrische Leistung liefern. Diese Sonde hatte 9 m Durchmesser und war 2,3 m hoch. Mariner 9 wog beim Start 1031 kg, davon entfielen 546 kg auf das Antriebsmodul, die Messgeräte wogen 68,5 kg.

Der Magnetspeicher von Mariner 9 hatte eine Kapazität von 180 Millionen Bits für die fortlaufende Aufnahme zahlreicher Bilder und anderer Messdaten. Die Funktionen der Raumsonde konnten mit 912 Kommandos von der Erde aus gesteuert werden, was einen mehrtägigen selbstständigen Messbetrieb ohne Unterstützung durch die Bodenstation auf der Erde erlaubte.

Mariner 9 schwenkte als erste amerikanische Raumsonde in eine Satellitenbahn um den Mars ein, wie auf dieser Zeichnung angedeutet wird. Auch die Umlaufbahnen der beiden Mars-Monde Phobos und Deimos sind hier eingezeichnet. Die Bahn der Mariner 9-Raumsonde war elliptisch. Sie reichte also auf der einen Seite nah an den Planeten heran und auf der anderen Seite führte sie weit vom Mars weg.

Am 14.11.1971 erreichte Mariner 9 die Nähe des Mars und zündete zu einem genau vorausberechneten Zeitpunkt das Bremstriebwerk entgegen der Flugbewegung. Mit diesem Manöver schwenkte die Raumsonde in eine elliptische Umlaufbahn (größte Entfernung 17 150 km, geringste Entfernung 1200 km) ein. Die Umlaufzeit betrug 12 Stunden, die Neigung gegen den Mars-Äquator 65 Grad. Allerdings gab es schon beim Anflug des Roboters auf den Planeten auf der Erde enttäuschte Gesichter. Die ersten Bilder zeigten kaum Einzelheiten auf der Mars-Oberfläche. In der Atmosphäre des roten Planeten tobte ein Staubsturm. Während der ersten Wochen konnte Mariner 9 deshalb keine Aufnahmen oder andere Messungen machen. Kurzerhand wurden die Kameras auf die beiden Mars-Monde ausgerichtet und es entstanden die ersten Nahaufnahmen der beiden kleinen Monde Phobos und Deimos.

Nach einigen Wochen legte sich der Staubsturm. Nun konnte die Raumsonde mit der Forschungsarbeit beginnen. Täglich machten die Kameras bei der Annäherung an den roten Planeten aus 1200-2000 km Entfernung etwa 25 Weitwinkel- beziehungsweise Teleaufnahmen genau ausgesuchter Gebiete. Bis zum 27.10.1972 übermittelte der erste amerikanische Mars-Orbiter insgesamt 7300 Weitwinkel- und Telebilder der Mars-Oberfläche und auch erste Aufnahmen von den beiden Monden Phobos und Deimos. Dabei wurden geologische Einzelheiten bis zu einer Größe von 1000 m bei den Weitwinkel-Fotos und von 100 m bei Nahaufnahmen abgebildet. Der aus diesen Bildern zusammengesetzte fast vollständige erste Mars-Atlas im Maßstab 1:5 Mio. offenbarte den Planetologen ein überraschend vielgestaltiges Bild der Mars-Oberfläche. Und es waren die Nahaufnahmen von Mariner 9, die erstmals die Gestalt der beiden Mars-Monde als unregelmäßig geformte, von Kratern und Rillen überzogene „Weltraum-Kartoffeln" deutlich zeigten.

Die bei Mariner 9 oft praktizierte Möglichkeit der gleichzeitigen Aufnahme eines Weitwinkel- und Telebildes von der Mars-Oberfläche brachte eindrucksvolle Ergebnisse. Vor allem die Übersichts- und Detailaufnahmen des 600 km breiten Riesenvulkans Olympus Mons fanden großes Interesse, handelt es sich dabei doch um den größten Vulkankegel im gesamten Sonnensystem. Zudem zeigten die Bilder überraschende geologische Einzelheiten der Gipfelregion und der wild zerklüfteten Vulkanflanke, die bei unzähligen Lavaausbrüchen vor vielen Millionen Jahren auf 27 km Höhe aufgetürmt wurde.

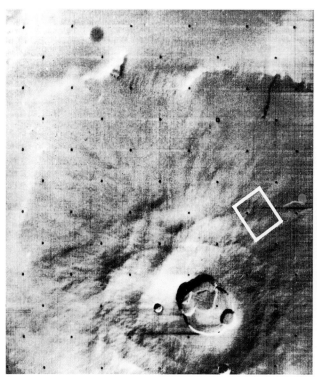

Das Unternehmen Viking – erste Landung auf dem Mars

DIE VIKING-BAUGRUPPE IN ZAHLEN:

Gewicht Orbiter	2,3 t
Gewicht Landekapsel	1,2 t
Gesamtgewicht Viking	3,5 t
Höhe Raumsonde	5,9 m
Spannweite der 4 Solarpanele	10 m

Wie waren die beiden Viking-Sonden konstruiert?

Den Höhepunkt und Abschluss der ersten Staffel amerikanischer Mars-Raumsonden bildete das Viking-Programm mit dem Start von zwei großen, schweren Instrumententrägern. Geplant war, dass sie von ihrer Umlaufbahn um den Mars jeweils eine Landekapsel auf die Oberfläche schicken sollten. Jetzt war auch die Frage interessant, ob fremdes Leben auf dem Mars zu finden ist. Gleich nach Abschluss der erfolgreichen Mariner 9-Mission Anfang der 70er Jahre hatten die Ingenieure im Jet Propulsion Laboratory (JPL) in Kalifornien mit industriellen Auftragnehmern die Konstruktion der Viking-Raumsonden begonnen. Die Entwicklung dieser beiden Landekapseln war jedoch eine ganz neue technische Herausforderung. Nie zuvor wurde eine Sonde gebaut, die auf der Oberfläche eines anderen Planeten landen und dort schwierige Messungen und Analysen vornehmen sollte.

Der Zentralkörper der Viking-Orbiter bestand aus einem 3,4 m großen Aufbau mit Instrumentenkästen, an dem seitlich die vier Solarzellenpanele mit 600 Watt Leistung und die Instrumentenplattform sowie die 1 m große Funkantenne montiert waren. In der Mitte der Konstruktion befand sich das Raketenantriebssystem für den Einschuss in die Mars-Umlaufbahn. Unter dem Instrumentenring war die Viking-Landekapsel in ihrer Schutzhülle befestigt.

Kern der Betriebsausrüstung der Viking-Orbiter waren die beiden Magnetspeicher mit je 640 Millionen Bits Kapazität für insgesamt 64 Schwarzweißbilder. Das *Computer Command System (CC+S)* steuerte alle Aktivitäten des Orbiters während des Fluges zum Mars und in der Mars-Umlaufbahn. Die wichtigsten Funktionen konnten mit 4096 Kommandoworten von der Erde aus gesteuert werden. Damit war eine tagelange selbstständige Arbeitsphase des Viking-Orbiters in der Mars-Umlaufbahn mit dem Betrieb aller Sensoren möglich.

Die Instrumentierung des Viking-Orbiters bestand aus drei Sensoren. Das *Visual Imaging System* bildeten zwei identische Kameras mit 475 mm Brennweite für die systematische Abbildung des Mars. Die Aufnahmen hatten 1056 Zeilen zu je 1182 Punkten, also eine hohe Auflösung. Dazu kam noch der *Infrared Thermal Mapper*. Es registrierte vor allem die Temperaturen auf dem Mars. Der *Water Vapor Mapper* diente der Aufspürung von Wasserdampf im Mars-Boden und in der Atmosphäre besonders über den Polen.

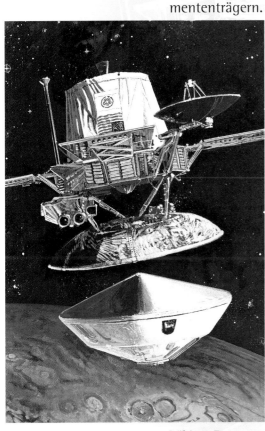

Das Bild zeigt, dass die Viking-Raumsonde aus zwei Baugruppen bestand, dem Orbiter für die Umlaufbahn und der Landekapsel für die Oberfläche. Auf dieser Darstellung sind auch die Instrumentenplattform und das Antriebsmodul mit dem Bremsmotor sowie die Funkantenne für die Verbindung mit der Erde deutlich erkennbar. An einem der Solarpanele hängt die Relaisantenne zum Empfang der Daten von den Landern auf der Mars-Oberfläche.

Dieses Bildmosaik einer Mars-Hemisphäre mit drei großen Vulkanen und dem Riesencanyon Valles Marineris wurde aus 102 einzelnen Bildern zusammengesetzt, die der Viking 1-Orbiter im Februar 1980 aus größerer Entfernung von dem Planeten aufgenommen hat. Wenn man genau hinsieht, lassen sich in dem Vulkanbezirk einige Wetterfronten und ganz im Süden verschiedene kleine Wolken erkennen. Solche Wolken wurden auf diesen Bildern zum ersten Mal gesichtet. Gut erkennen kann man auch unterschiedlich große Krater sowie einige markante Flussbetten.

Die RADIONUKLID-THERMO-GENERATOREN für die Stromversorgung und Heizung werden auch als „Atombatterien" bezeichnet, was irreführend ist. Obwohl Plutonium verwendet wird, handelt es sich nicht um Atomreaktoren. Vielmehr nutzen thermoelektrische Wandler den natürlichen Zerfall des Plutoniums und setzen die bei diesem Prozess entstehende Wärme in elektrische Leistung um.

Welche Schwierigkeiten gab es beim Bau des Viking-Landers?

Erstmals musste ein Instrumententräger entwickelt werden, der durch die Atmosphäre eines fremden Planeten rasen und auf dessen Oberfläche sanft landen sollte, um dann schwierige biochemische Untersuchungen und Analysen durchzuführen. Eine wichtige Forderung war, die Kapseln vor dem Start zu sterilisieren, denn auf dem Mars sollten keine Organismen von der Erde eingeschleppt werden. Auf der anderen Seite wollten die Wissenschaftler so auch eine Verfälschung ihrer Messergebnisse vermeiden. Das Problem wurde durch eine mehrtägige Erhitzung aller Bauteile in einem auf über 100 °C geheizten Spezialofen gelöst. Damit wurden alle irdischen Mikroben abgetötet.

Die Viking-Landekapseln bestanden aus einem kompakten dreieckigen Zentralkörper von 70 cm Breite und Höhe sowie 150 cm Länge. An den Eckpunkten waren drei Beine mit Federmechanismus für die sanfte Landung montiert. In dem Gehäuse befanden sich die Betriebssysteme, ein biologisches Labor und zwei mit Plutonium betriebene Radionuklid-Thermo-Generatoren (RTG) für die Stromversorgung und Heizung. Zur Ausrüstung der Landekapseln gehörten außerdem noch die Treibstofftanks und die drei Triebwerke, mit denen der Abstieg auf die Mars-Oberfläche abgebremst wurde. Ohne den Treibstoff wog der Lander 565 kg, die wissenschaftlichen Instrumente machten 86 kg aus.

Während des Starts und des langen Reiseflugs war der Viking-Lander zweifach eingekapselt, um ihn gegen die Kälte im Weltraum und die Erhitzung beim Flug durch die Mars-Atmosphäre zu schützen. Die Abbremsung in der Atmosphäre erfolgte zuerst über ein spezielles Hitzeschild, bis dann ein Fallschirmsystem aktiviert wurde und in der letzten Phase die Bremsraketen zündeten.

Oben auf der Deckplatte des Viking-Landers befinden sich die Kameras und andere Sensoren sowie die 1 m große steuerbare Parabolantenne zur Datenübertragung. Seitlich ragt der ausfahrbare Greifarm heraus, mit dem Bodenproben ins Testlabor befördert wurden.

Mit welchen Instrumenten waren die Viking-Landekapseln ausgerüstet?

Die wissenschaftliche Ausrüstung des Mars-Landers war äußerst vielseitig und bestand aus sieben Gerätegruppen. Das wichtigste Instrument war das kombinierte Biologie-Labor mit dem der Mars-Boden nach drei verschiedenen biochemischen Verfahren auf mögliche Lebensspuren untersucht wurde. Darüber hinaus waren die Viking-Lander mit Analysegeräten für die Zusammensetzung der Marsatmosphäre und meteorologischen Sensoren zur Messung der Temperaturen, der Windgeschwindigkeiten und -richtungen sowie Änderungen des atmosphärischen Drucks im Lauf der Tages- und Jahreszeiten bestückt. Zur Ausrüstung des Viking-Landers gehörte auch ein Seismometer zur Messung von Beben.

Eine besondere Rolle spielten bei den Viking-Landern die beiden speziellen Abtast-Kameras mit verschiedenen Brennweiten, Farbfiltern und Schärfestufen zur Aufnahme der Umgebung. Neben Schwarzweiß-Bildern konnten nun auch Farbbilder sowie Infrarot- und Ultraviolett-Aufnahmen gemacht werden. Die besten vom Mars übermittelten Viking-Bilder erreichten eine Schärfe, die auch ein neben dem Lander stehender Astronaut auf dem Mars gehabt hätte. Stereoaufnahmen ermöglichen genaue Entfernungsmessungen.

Die Landekapsel von Viking 2 machte diese Aufnahme der umgebenden Mars-Oberfläche bei tiefstehender Sonne. Im Vordergrund sind diverse Apparaturen auf dem Roboter mit den Farbskalen erkennbar und vor allem das Gelenk und ein Teil der steuerbaren Funkantenne. Die rötlich-braunen Steinbrocken an der Mars-Oberfläche haben verschiedenste Form und Größe und sind oft von großen porenförmigen Löchern durchsetzt. Die dünne Mars-Atmosphäre hat einen leicht rosa Schimmer.

Die Kameras auf den Viking-Landekapseln machten fantastische Aufnahmen der Mars-Oberfläche. Die Abbildung einiger Raumsonden-Teile im Vordergrund vermitteln eine gewisse räumliche Tiefe des Bildes. Der Bodenproben-Greifarm befindet sich in halbhoher Position. Der Fernblick reicht über ein Meer aus rot-braunem Sand mit einer Vielzahl eingelagerter Steinbrocken verschiedenster Form und Größe. Die Grabfurchen am rechten Bildrand zeigen, wo die Viking-Landekapsel Mars-Boden für Proben aufnahm.

Wie wurde der Viking-Flug gesteuert?

Die Viking 1-Mission startete am 20.8.1975 mit einer großen, starken Titan-Centaur-Trägerrakete von Cape Canaveral in Florida. Punktgenau brachte die Centaur-Oberstufe die insgesamt 3,5 Tonnen wiegende Raumsonde auf die lange Reise zum Mars. Wegen der hohen Masse wurde eine energetisch günstige, aber langsame Bahn gewählt.

Am 19. Juni 1976 kam Viking 1 bei dem roten Planeten an. Zu einem genau berechneten Zeitpunkt feuerte der Raketenmotor des Orbiters etwa 45 Minuten lang und bremste die Geschwindigkeit der Raumsonde so weit ab, dass sie von der Schwerkraft des Planeten in eine Satellitenbahn um den Mars gezogen wurde. Dabei wurden genau die geplanten Bahndaten mit 31 000 km maximaler und 1515 km geringster Distanz von dem roten Planeten erreicht. Außerdem erzeugte dieses Abbremsmanöver die geplante Neigung der Viking 1-Umlaufbahn gegen den Mars-Äquator von 33 Grad und eine Umlaufzeit von 24,6 Stunden, die damit genau der Länge eines Mars-Tages entsprach.

Die erste Aufgabe des Viking 1-Orbiters nach Erreichen der Umlaufbahn war die Überprüfung der vorgesehenen Landeplätze für die Kapseln, die nach den Bildern von Mariner 9 ausgesucht worden waren. Diese Aufnahmen des ersten Mars-Orbiters zeigten allerdings nicht genügend Einzelheiten, so dass die Aufnahmen der Landezonen mit den besseren Viking-Kameras noch einmal inspiziert werden sollten. Dabei gab es eine unangenehme Überraschung. Die ursprünglich ausgesuchten Zielgebiete auf dem Mars waren viel unebener und steiniger, als man vorher hatte erkennen können. Die Gefahr einer Bruchlandung war deshalb nach Ansicht der Wissenschaftler zu groß, so dass die Viking 1-Kameras in den nächsten Tagen nach einem vorbereiteten Suchplan auf andere interessante Landegebiete im Äquatorbereich des Planeten ausgerichtet wurden.

Wie verlief die Landung von Viking 1?

Die Sicherheit hatte bei den ersten Mars-Landemissionen der Amerikaner absoluten Vorrang vor den Wünschen der Wissenschaftler. Als Zielgebiete für die beiden Viking-Landekapseln wurden schließlich zwei Stellen auf dem Mars gewählt, die relativ niedrig in ehemaligen Flussbetten lagen und nicht zu steinig waren.

Als die Zielgebiete feststanden, wurde der Abstieg der ersten Landekapsel vorbereitet. An einer genau berechneten Stelle der Umlaufbahn trennte sich die Landekapsel am 20. Juli 1976 vom Viking-Orbiter ab und raste in die dünne Mars-Atmosphäre. Angesichts der hohen Eintrittsgeschwindigkeit von 5 km je Sekunde machte sich sofort der aerodynamische Widerstand bemerkbar und bremste die Kapsel ab. Die dabei entstehende Reibungshitze wurde von einem speziellen Schutzschild aufgefangen, so dass die empfindlichen Instrumente keinen Schaden nahmen. Als der Flugkörper auf Schallgeschwindigkeit abgebremst war, kam das Fallschirmsystem zum Einsatz, an dem die Kapsel langsam tiefer schwebte. Kurz über der Mars-Oberfläche zündeten die drei Bremsraketentriebwerke, und der Landekörper setzte im geplanten Zielgebiet sanft auf.

Mit großer Begeisterung wurde in der JPL-Bodenkontrolle am 20. Juli 1976, genau sieben Jahre nach der ersten bemannten Mondlandung von Apollo 11, die Übertragung des ersten Oberflächenbildes vom Mars empfangen. Bis Ende 1980 übermittelten die zwei Spezialkameras des Viking 1-Landers etwa 2300 Aufnahmen.

Die Gipfelregion des riesigen Mars-Vulkans Olympus Mons hat 80 km Durchmesser. Sie besteht aus mehreren erkalteten Kraterseen, die sich nach unterschiedlichen Lava-Eruptionen gebildet haben. Der Viking 1-Orbiter lieferte die 13 Aufnahmen für dieses Mosaik. Das Auflösungsvermögen beträgt 20 m und der Betrachter kann sich mit eigenen Augen von der Schärfe der Aufnahme überzeugen. Dass die Kraterwälle bis 3 km hoch sind, ist allerdings selbst mit einer solchen Aufnahme schwer vorstellbar. Diese Höhe lässt sich aus der Schattenlänge und dem damals herrschenden Sonnenstand berechnen. Die steinernen Wände haben meistens Neigungswinkel von über 30 Grad. Wie steil das ist, kann man nachvollziehen, wenn man einmal mit der Hand ungefähr diesen Winkel bildet. In den Kraterwänden sind mit bloßem Auge die Erdrutsche zu erkennen.

Zu welchen Ergebnissen führten die biologischen Experimente?

Schon Jahre bevor die Viking-Sonden auf dem Planeten landeten, stellten sich die Forscher auf der Erde viele entscheidende Fragen. Für die Durchführung der Experimente war es wichtig abzuschätzen, wie das Leben oder die Mikroorganismen auf dem Mars aussehen könnten. Die Vorstellung von intelligenten, grünen Männchen war schon lange Vergangenheit. Aber welche Möglichkeiten gibt es überhaupt, wie sich Leben auf fremden Planeten entwickeln kann? Auf Planeten, deren Entwicklungsgeschichte eine völlig andere Umwelt geschaffen hat, als wir sie von der Erde kennen. Weil man sich gar nicht vorstellen kann, wie Leben außerhalb der Erde aussehen könnte, entschieden sich die Wissenschaftler, nach erdähnlichem Leben zu suchen.

Die biologischen Experimente waren so geplant, dass mikroskopische Lebewesen oder deren Stoffwechselprodukte entdeckt werden können. Stoffwechselprodukte sind solche Stoffe, die alle irdischen Lebewesen ausscheiden, wenn sie atmen, Nahrung aufnehmen, wachsen oder sich bewegen.

Zuerst wurden per Fernsteuerung von der Erde aus Bodenproben mit dem Greifarm genommen und in eine Verteilerkammer gefüllt. In dem Biologie-Kombinations-Labor gab es nun drei verschiedene Experimente, mit denen die Proben geprüft werden sollten:

Das Pyrolyse (Hitze)-Experiment sollte solche Lebewesen nachweisen, die, wie unsere Pflanzen, Photosynthese betreiben und Kohlendioxid aufnehmen.

Die beiden Stoffwechsel-Experimente bestanden darin, dass den Proben eine Nährlösung zugegeben wurde. Sind Organismen vorhanden, so wird die Nahrung von ihnen aufgenommen und die Stoffwechselprodukte lassen sich nachweisen. Hier gab es zwei Versuchskammern, eine für feste und eine für gasförmige Stoffwechselprodukte.

Die Ergebnisse aller Experimente der beiden Viking-Sonden waren leider verwirrend. Es gab Reaktionen, doch man konnte nicht eindeutig erkennen, ob sie wirklich von Mikrolebewesen stammen. Und außerdem war die Chemie der Marserde nicht vollständig bekannt, so dass nicht auszuschließen war, dass gerade diese tote anorganische Marserde für die Reaktionen verantwortlich war.

Die Enttäuschung der Wissenschaftlergemeinde bewirkte in den USA eine 20-jährige Pause bei der Entsendung von Mars-Raumsonden. So galt die Aufmerksamkeit der Wissenschaftler erst einmal dem aufregenden Voyager-Programm mit zwei Raumsonden zur Erforschung der äußeren Planeten Jupiter, Saturn, Uranus und Neptun.

Auf winzigstem Raum mussten die 3 Analysekammern, die zugehörige Steuerelektronik und das umfangreiche Zubehör für die biologischen Experimente untergebracht werden. Jahrelang tüftelten Mechaniker, Konstrukteure und andere Experten daran, die nötigen Bauteile so zu verkleinern, dass das gesamte Labor nicht größer als ein Kasten von ungefähr 30 cm x 30 cm x 30 cm war.

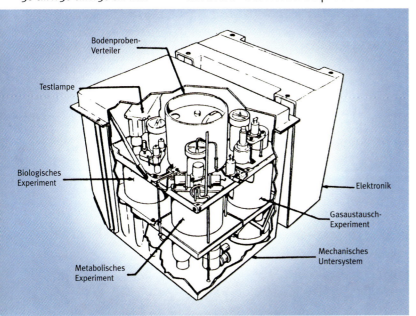

Diese Bildcollage zeigt die russische Raumsonde Mars 96. Die mit internationaler Hilfe gestartete Mission war kein Erfolg. Die Raumsonde versank wegen eines Raketenfehlers im Pazifik. Auch deutsche Forscher hatten sich mit wichtigen Instrumenten, vor allem mit zwei Hochleistungskameras, an dieser vorerst letzten russischen Mars-Mission beteiligt.

Das sowjetische Mars-Sonden-Programm

Wie sahen die sowjetischen Raumsonden aus?

Ende der 50er Jahre, nach dem Start ihrer ersten Erdsatelliten im Herbst 1957, befassten sich auch die sowjetischen Weltraumtechniker, wie ihre Kollegen in den USA, intensiv mit der Konstruktion von Mond- und Planetensonden. Bei gleicher Zielsetzung der Planetenforschung entwickelten die amerikanischen und sowjetischen Techniker jedoch sehr unterschiedliche Raumsonden-Konzepte.

Die Amerikaner machten ihre Planetensonden mit hochentwickelten Computersystemen von Anfang an recht selbstständig und ermöglichten damit auch Änderungen des Missionsablaufs noch während des Anflugs auf den Zielplaneten. Die sowjetischen Venus- und Mars-Späher waren dagegen in ihrem Flugprogramm relativ starr. Sie konnten nicht auf plötzlich veränderte Bedingungen im Forschungsgebiet, wie zum Beispiel einen Staubsturm auf dem Mars, reagieren und die Landung verzögern.

Seit der Ende 1965 gestarteten ZOND-3 waren die sowjetischen Sonden zum roten Planeten jeweils in Trägerfahrzeug und Landekapsel unterteilt. Die damals veröffentlichten einfachen Bilder zeigten folgenden Aufbau: Der zylindrische Zentralkörper von 1,5 m Durchmesser und 3,6 m Höhe enthielt alle wichtigen für den Raumsondenbetrieb erforderlichen Systeme. Dazu gehörten Flugkontrolle, Lagestabilisierung, Kommunikation, Datenspeicherung, Temperaturkontrolle und natürlich die wissenschaftlichen Sensoren. Oben an der Spitze des Zentralkörpers war die Landekapsel befestigt, die aus dem eigentlichen Instrumententräger und einem umhüllenden flachen Schutzschild bestand, einer „Fliegenden Untertasse" nicht unähnlich. An der Seite des Zentralkörpers waren die 2 m große Richtantenne zum Datenaustausch und die beiden Solarzellen-Panele zur Energieversorgung montiert.

Bei den ersten Sonden wurden alle Bilder noch auf Fotofilm belichtet. Dieser wurde dann im Inneren des Zentralkörpers entwickelt und fixiert. Das Negativ schließlich wurde von einem schmalen Lichtstrahl abgetastet und die unterschiedlichen Helligkeitswerte wurden als Funksignal zur Erde übertragen. Später setzte auch die Sowjetunion bei ihren Planetensonden leistungsfähigere Fernseh- und Videokameras ein. Diese konnten die Aufnahmen digital verarbeiten.

Die **WISSENSCHAFTLICHE AUSRÜSTUNG** der Marslandekapsel bestand vor allem aus einer elektronischen Kamera für Panoramabilder der Landeplatz-Umgebung. Dazu kamen ein sogenanntes Massenspektrometer zur Feststellung der Gase in der Mars-Atmosphäre und einige Geräte für die chemische Analyse des Bodens. Die sowjetischen Techniker arbeiteten bei der Instrumentierung ihrer Planetensonden schon früh mit französischen Experten und Wissenschaftlern aus dem östlichen Bündnis zusammen. Die Energieversorgung der Landekapseln erfolgte über chemische Batterien, die aber meist nach einigen Stunden oder Tagen aufgebraucht waren. Die Bilder und Messungen sollten über den Mars-Orbiter zur Erde abgestrahlt werden, der mit seinen großen Sonnenzellen-Panelen die größere Energiekapazität zur Datenübertragung hatte.

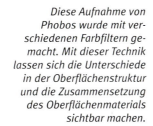

Diese Aufnahme von Phobos wurde mit verschiedenen Farbfiltern gemacht. Mit dieser Technik lassen sich die Unterschiede in der Oberflächenstruktur und die Zusammensetzung des Oberflächenmaterials sichtbar machen.

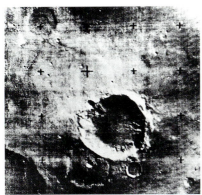

Die sowjetischen Mars-Sonden machten Schwarzweißbilder der Planeten-Oberfläche, die aber qualitativ nicht sehr gut waren. Insgesamt gelang keine umfassende Kartierung, wie sie die Amerikaner mit Mariner 9 und den Viking-Orbitern erstellten. Die Kreuze auf dem hier gezeigten Mars-Bild einer russischen Sonde sind Kalibrierungsmarken der Kamera zur genauen Vermessung der erfassten Mars-Landschaft.

> **Mit welchen Instrumenten waren die sowjetischen Mars-Sonden ausgerüstet?**

Die Hälfte des Gesamtgewichts der sowjetischen Mars-Sonden entfiel – wie bei den amerikanischen Orbitern Mariner 9 und Viking – auf den Treibstoff, der zum Einschuss in die Satellitenbahn um den Planeten gebraucht wurde. Die wichtigsten Instrumente der Sonden waren Kameras mit unterschiedlichen Brennweiten sowie Ultraviolett- und Infrarot-Sensoren und Radiometer beziehungsweise Spektrometer zur Untersuchung der Bestandteile des Mars-Bodens und der Atmosphäre. Auch die beiden kleinen Monde standen auf dem Forschungsplan der Raumsonden sowie Messungen der Temperaturen und eventueller Magnetfelder beziehungsweise Strahlengürtel.
Die Landekapseln der sowjetischen Mars-Sonden hatten einige Ähnlichkeit mit dem erfolgreich auf dem Erdmond abgesetzten Instrumententräger Luna 9. Luna 9 hatte die Form einer Kugel, die sich auf der Planetenoberfläche wie ein Blütenkelch entfaltete. Vier Kugelsegmente klappten aus und gaben die Messgeräte sowie eine Antenne für die Verbindung mit der Erde frei. Landekapsel und Zentralkörper wurden erst zwei Tage vor Erreichen des Zielplaneten abgetrennt. Die Hitze, die beim rasenden Flug durch die dünne Mars-Atmosphäre entstand, wurde durch ein spezielles Schutzschild von der Nutzlast ferngehalten. Nachdem die Geschwindigkeit auf 500 km/h reduziert war, entfaltete sich ein Fallschirm, an dem die Landekapsel zur Oberfläche schwebte. Den endgültigen Aufprall bremste ein kleiner Raketenmotor ab, der über einen Radarentfernungssensor aktiviert wurde.

Die sowjetischen Weltraumtechniker starteten anfangs alle zwei oder vier Jahre, je nach günstiger Planetenkonstellation, Raumsonden von ihrem „Raumfahrt-Bahnhof" in Baikonur (Kasachstan). Für den Abschuss der 3,5 Tonnen schweren Mars-Späher waren die großen Protonraketen erforderlich. Beim Startfenster im Sommer 1973 wurden sogar vier Mars-Sonden kurz hintereinander gestartet, eine beachtliche organisatorische Leistung.

Warum scheiterten so viele der sowjetischen Mars-Missionen?

Leider waren die sowjetischen Wissenschaftler bei der Erkundung des roten Planeten nicht sehr erfolgreich. Kein einziger Landeapparat übermittelte brauchbare Oberflächenbilder vom Mars oder Daten der Atmosphäre. Die Orbiter der acht bis 1973 gestarteten sowjetischen Mars-Sonden lieferten nur wenige Aufnahmen und Daten von dem Planeten. Und auch die drei in den 90er Jahren mit großer internationaler Beteiligung gebauten und gestarteten Instrumententräger versagten auf tragische Weise. Über die Ursachen dieser sowjetischen Pechsträhne bei den Mars-Sonden wurde viel spekuliert, denn bei der Venus-Forschung war die Sowjetunion nach Anfangsproblemen sehr viel erfolgreicher.

Den beiden 1971 gestarteten Raumsonden Mars 2 und 3 könnte der heftige Staubsturm in der Atmosphäre des roten Planeten zum Verhängnis geworden sein, der auch die amerikanische Sonde Mariner 9 zunächst einige Wochen an der wissenschaftlichen Arbeit hinderte. Dieser Orkan an der Mars-Oberfläche zerstörte vielleicht die Landekapseln oder kippte sie um, bevor sie sich öffnen konnten.

Während amerikanische Raumsonden in solchen Fällen umprogrammiert und in den Wartestand versetzt werden konnten, gab es diese Möglichkeit für die sowjetischen Raumsonden nicht. Ihre Mars-Sonden mussten nach der eingestellten Automatik zur vorausberechneten Zeit auf dem Mars landen, auch wenn das ihr Ende bedeutete. Nachdem auch die vier 1973 gestarteten Sonden versagten, brach die Sowjetunion ihr erstes Mars-Programm ab und widmete sich verstärkt der Erkundung der Venus. Erst 15 Jahre später gab es einen neuen Anlauf zur Erforschung des roten Planeten mit Raumsonden.

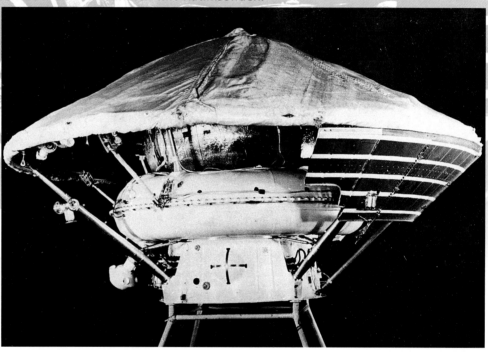

Ähnlich wie die Amerikaner nach dem Viking-Programm, so legte auch die Sowjetunion nach ihrer ersten, weitgehend erfolglosen Staffel von Mars-Sonden im Zeitraum von 1962–1973 eine Pause ein, um ihre Forschungsmethoden zu verbessern und neue Instrumente zu entwickeln. Das Resultat dieser Überlegungen waren die zwei 1988 gestarteten Phobos-Sonden, die, wie der Name sagt, vor allem den größeren Mars-Mond erforschen sollten.

Die Landekapseln der sowjetischen Mars-Sonden waren etwa 1,5 m große, dicht verschlossene Kugeln, die die Forschungsinstrumente in ihrem Inneren bargen. Beim rasenden Flug durch die Mars-Atmosphäre mit 15 000 km/h musste die Landekugel mit einem Hitzeschild vor der Erwärmung geschützt werden. Bei Erreichen der Schallgeschwindigkeit wurde ein Fallschirm aktiviert, an dem die Kapsel zur Mars-Oberfläche niederschwebte. Ein kleines Raketentriebwerk fing den letzten Landestoß auf, bevor sich die Instrumentenkugel wie ein Blütenkelch entfaltete.

Die beiden Planetensonden der neuen Generation bestanden aus einem Zentralkörper für die Bordsysteme und einer zylindrischen Messgeräte-Sektion. Der Solargenerator mit zwei großen Panelen und insgesamt 24 m² Fläche entwickelte beim Mars bei dauernder Ausrichtung auf die Sonne ca. 1000 Watt elektrische Leistung. Zur Ausrüstung gehörte auch eine 1,5 m große Parabolantenne zur Datenübertragung. Die Phobos-Sonden waren 6 m hoch und 4 m beziehungsweise 15 m breit. Das Startgewicht betrug erstaunliche 6,2 Tonnen.

Die Messgeräte-Sektion der Phobos-Sonden enthielt 30 wissenschaftliche Sensoren, die 150 kg wogen. An ihrer Konstruktion waren vielfach auch Wissenschaftler aus anderen Ländern beteiligt. Die wichtigsten Instrumente waren die beiden Teleskop-Fernsehkameras für Schwarzweiß- und Farbaufnahmen.

Wie verliefen die Phobos-Missionen zum Mars?

Phobos 1 wurde am 7.7.1988 mit einer Proton-Rakete vom Startzentrum Baikonur auf den Weg zum Mars gebracht, Phobos 2 folgte am 12.7.1988. Aber technisches und menschliches Versagen führte zum vorzeitigen Ende der Doppelmission. Nur wenige Bilder und andere Messdaten wurden von Phobos 2 in Mars- und Phobosnähe gewonnen. Die Enttäuschung der sowjetischen Forscher und ihrer Kollegen aus den anderen beteiligten Ländern war groß.

Der Kontakt zu Phobos 1 ging am 29.8.1988 schon sieben Wochen nach dem Start verloren, weil die Raumsonde ein fehlerhaftes Signal von der Bodenkontrolle erhielt. Sie orientierte sich um, die Solarpanele zeigten nicht mehr auf die Sonne, und die große, fantastisch ausgerüstete Raumsonde erlitt den Kältetod, bevor die Bodenkontrolle die Gefahr erkannte und eingreifen konnte.

Phobos 2 erreichte den Mars nach einem störungsfreien Transferflug am 29.1.1989. Erste Aufnahmen und verschiedene Messdaten von Mars und Phobos wurden übermittelt, die Wissenschaftler waren guter Dinge. Aber bevor sich der Instrumententräger dem kleinen Mond weiter annähern und seine Landekapseln abschießen konnte, ging die Funkverbindung zwischen Bodenkontrolle und Phobos 2 im März 1989 vorzeitig verloren.

Die Illustration vermittelt einen Eindruck der geplanten Phobos-Mission. So sollten verschiedene Landekapseln auf den Mond Phobos abgeschossen werden, dessen Oberfläche nach neuen Erkenntnissen in den oberen Schichten aus dunklem, kohlenstoffhaltigem Staub bestehen dürfte.

Was geschah mit der russischen Sonde Mars 96?

Trotz der herben Enttäuschung mit den beiden Phobos-Sonden plante Russland für das günstige Startfenster 1994 die Entsendung von zwei weiteren Instrumententrägern zum roten Planeten. Wieder waren zahlreiche Wissenschaftler und Institute aus anderen Ländern zur Mitwirkung eingeladen. Doch wegen der politischen Umwälzungen im Gebiet der ehemaligen Sowjetunion und finanzieller Probleme wurde das neue Mars-Projekt um zwei Jahre, auf 1996, verschoben und eine der beiden Raumsonden gestrichen. Die Russen selbst sowie viele beteiligte Techniker und Wissenschaftler aus aller Welt setzten ihre ganze Hoffnung in diese neue große Mars-Mission, die dank der enormen Proton-Tragkraft etwa zwei Dutzend Messinstrumente mitführen konnte.

An 15 Experimenten dieser Mars-Mission waren Wissenschaftler und Institute des Deutschen Zentrums für Luft- und Raumfahrt (DLR) und der Max Planck Gesellschaft beteiligt.

Die große Proton-Rakete erhob sich planmäßig am 16.11.1996 vom russischen Startgelände in Baikonur in den Nachthimmel. Aber als einige Zeit später die Oberstufe noch einmal zum Einschuss der Sonde in die Flugbahn zum Mars zünden sollte, gab es keine Bestätigung. Mars 96 versank wenige Stunden nach dem Start im Pazifik. Die Planetenforscher der Welt konzentrieren sich seitdem verstärkt auf die neuen amerikanischen Mars-Raumsonden.

Dreidimensionale Bilder sollte diese Kamera von der Mars-Oberfläche aufnehmen.

Deutschland beteiligte sich an der russischen Mars 96-Mission mit zwei speziellen Kameras die verschiedene Brennweiten und Spektralbereiche hatten. Die von der Dornier Satellitensysteme GmbH entwickelten und gebauten Kameras sollten Stereobilder für die Entwicklung eines exakten dreidimensionalen Höhenprofils der gesamten Mars-Oberfläche liefern.

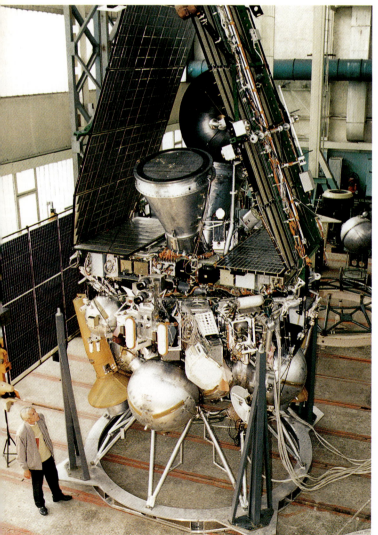

Ganz klein wirkt der Betrachter neben der großen russischen Mars 96-Raumsonde. Das Fundament der Sonde bildete das Antriebsmodul mit mehreren Treibstofftanks zum Einschuss in die Mars-Umlaufbahn. Darüber war die Zentralstruktur mit allen Betriebssystemen und Sensoren angeordnet. Die beiden großen Solarzellen-Panele wurden für den Start hochgeklappt. Darunter befanden sich die beiden Landekapseln und dahinter ist gerade noch die Parabolantenne erkennbar. Die Raumsonde wog beim Start fast 7 Tonnen.

Neue US-Mars-Sonden

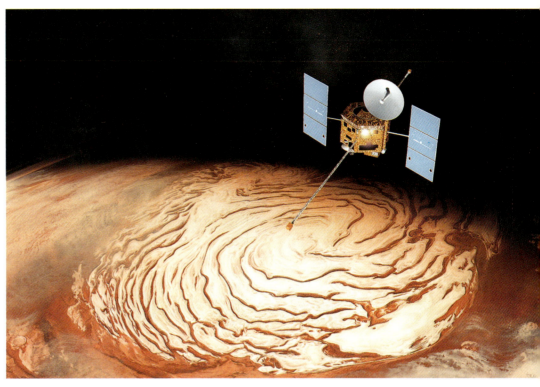

Diese Zeichnung zeigt eine der künftigen amerikanischen Mars-Sonden. Sie soll in eine polare Bahn um den Planeten einschwenken und dabei regelmäßig die nördliche und südliche Eiskappe überfliegen und deren Veränderungen im Verlauf der Jahreszeiten genau dokumentieren. Dabei gilt das Interesse der Wissenschaftler vor allem dem regelmäßigen Abschmelzen und der Neubildung der geschichteten Kohlendioxid-Eiskappe sowie dem Verhalten der kleineren Wassereisschicht darunter. Diese Vorgänge konnten bisher immer nur kurze Zeit aus einer ungünstigen Perspektive beobachtet werden. Zudem haben häufig ausgedehnte Dunstschleier und Wassereis-Wolken die Sicht auf die Polregionen versperrt.

Warum interessieren sich Mars-Forscher für die Antarktis?

Lange Zeit fehlte der NASA das Geld, um eine Nachfolgemission für die beiden Viking-Raumsonden zum Mars zu planen. Eine neue Mission hätte nach der alten NASA-Strategie noch größer und interessanter sein müssen als das vorangegangene Projekt. So gab es viele Überlegungen, wie eine Raumsonde aussehen müsste, die einige Steine vom Mars zur Erde holen könnte. Aber ein solches Projekt hätte einige Milliarden Dollar verschlungen, die im NASA-Haushalt einfach nicht verfügbar waren.

In der Zwischenzeit analysierten einige Wissenschaftler die Mariner- und Viking-Resultate. Sie unternahmen Laborversuche, die die verwirrenden Ergebnisse der chemisch-biologischen Untersuchung des Mars-Bodens verständlicher machen sollten. Andere Forscher unternahmen Expeditionen in die Antarktis und ähnlich abgelegene Gebiete. Dort studierten sie die Entwicklung einfacher Organismen unter extremen Klimaverhältnissen, wie sie vor Urzeiten vielleicht auf dem Mars geherrscht haben könnten, als die Atmosphäre dichter und die Temperaturen höher waren.

Während dieser Forschungsreisen suchten die Wissenschaftler auf den Gletschern des Südpols gezielt nach Meteoriten, also Steinen aus dem Weltraum, die sich in der ewigen Kälte sehr gut erhalten und nicht verwittern. 1984 wurde bei einer solchen Expedition der amerikanischen Wissenschaftsstiftung auf den Allen-Hills-Eisfeldern auch ein kartoffelgroßer, ca. 2 kg schwerer Steinbrocken entdeckt, der die Bezeichnung ALH-84001 erhielt. Er wurde in Trockeneis verpackt und im Antarctic Meteorite Center in Stickstoff eingelagert.

Das Foto zeigt den in der Antarktis gefundenen Mars-Meteorit ALH-84001.

Welches Geheimnis umgibt den Mars-Stein ALH-84001?

Erst 1993, also neun Jahre nach dem Fund, wurde dieser Stein im Lunar and Planetary Laboratory des Johnson Space Center der NASA in Houston (Texas) genauer untersucht. Dabei stellte sich heraus, dass er vom Mars stammt, mehrmals erhitzt wurde und wieder abkühlte. Auf einem langwierigen, interessanten Weg ist dieser Brocken vor Urzeiten zur Erde gelangt und nach Durchfliegen der Atmosphäre bei den Alan Hills liegengeblieben.

Die Viking-Sonden hatten die Zusammensetzung des Gesteins auf dem Mars genau untersucht. Mit den Daten dieser Analysen konnte man die Herkunft weiterer Gesteinsbrocken bestimmen. So entdeckten die Forscher, dass 12 weitere gesammelte Meteoriten vom Mars stammen. Der Meteorit ALH-84001 ist deshalb etwas Besonderes, weil die Analyse zeigte, dass er ungefähr 4,5 Mrd. Jahre alt ist. Er ist also viermal so alt wie alle anderen bisher auf der Erde identifizierten Mars-Steine. Schon das allein machte dieses Objekt besonders interessant, so dass es von den Chemikern genauer als alle anderen Meteoriten untersucht wurde.

Und diese Untersuchung führte zu einer überraschenden Entdeckung, die bei einer NASA-Pressekonferenz am 7. August 1996 in Washington bekanntgegeben wurde. Die Experten behaupteten, dass sie in diesem Mars-Meteoriten versteinerte Spuren von winzigen Lebewesen gefunden hätten. Es handelte sich dabei um röhren- und eiförmige Strukturen, die man als Überreste von einfachen Mikroben deuten kann. Diese Minilebewesen, wenn es wirklich welche sein sollten, sind mit nur 1/100 der Dicke eines menschlichen Haares extrem klein und können nur im Elektronenmikroskop identifiziert werden.

Das Foto zeigt drei Forscher vor dem hochauflösenden Elektronenmikroskop, mit dem der inzwischen so berühmt gewordene Meteoritenbrocken vom Mars untersucht wurde.

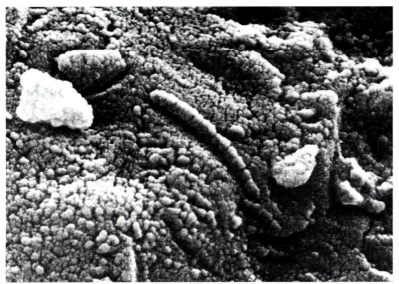

Dieses Foto zeigt die unter dem Elektronenmikroskop erkennbaren ungewöhnlichen röhrenförmigen Strukturen, über deren Bedeutung die Wissenschaftler bis heute heftig diskutieren.

Die Diskussion der Wissenschaftler und die Untersuchung dieses geheimnisvollen **Mars-Steins** sind noch nicht zu Ende geführt. Die Argumente der Befürworter und Gegner der Mars-Mikroben halten sich bisher noch die Waage. Allerdings hat eine neue Untersuchung des fraglichen Steinbrockens kürzlich die Zweifler bestärkt. Danach können die als alte versteinerte Lebewesen angesehenen Strukturen auch durch natürliche geologische Prozesse auf dem Planeten entstanden sein.

Wie gelangte der Mars-Stein zur Erde?

Schon der in bewundernswerter Detektivarbeit rekonstruierte Weg des interessanten Gesteinsbrockens ALH-84001 vom Mars zur Erde ist ein Abenteuer für sich. Danach entstand dieser Materiebrocken bei der Bildung des Sonnensystems vor etwa 4,5 Mrd. Jahren aus einer vulkanischen, glutflüssigen Masse. Diese kühlte allmählich ab und erstarrte. Durch Meteoriteneinstürze auf dem Mars wurde er wieder erhitzt und bekam im Inneren einige Risse.

In der Zeit vor 4 bis 3,6 Mrd. Jahren, so nimmt man an, dürfte es auf dem Mars, bei einer wesentlich dichteren Atmosphäre als heute, relativ warm gewesen sein. Die Experten meinen nun, dass das Vorhandensein von Wasser und Kohlendioxid die Ansiedlung von Minimikroben in den zahlreichen Rissen des Steins begünstigt haben könnte. Vor etwa 16 Mio. Jahren prallte wieder ein größerer Meteorit auf den roten Planeten, und dabei wurden viele kleine und große Mars-Steine mit so großer Wucht nach oben gerissen, dass sie das Anziehungsfeld des Mars verließen und in den freien Weltraum zwischen den Planeten gelangten.

Vor etwa 13 000 Jahren muss der Stein ALH-84001 nach vieltausendfacher Umkreisung der Sonne auf immer enger werdenden Spiralbahnen in die Nähe der Erde gekommen und in die Atmosphäre eingedrungen sein. Dabei wurde er wieder stark erhitzt. Der Brocken landete auf dem Südpol-Kontinent und wurde in der Kälte konserviert. Auf der Suche nach Spuren vom Mars in entlegenen Regionen haben Wissenschaftler ihn dort gefunden.

Die Entdeckung dieser Strukturen im Mars-Stein hatte heftige Diskussionen unter Fachleuten, aber auch in der interessierten Öffentlichkeit, zur Folge. Einige Experten halten die in dem Stein ALH-84001 gefundenen Spuren für Überreste ganz alten, einfachen Lebens auf dem Mars. Andere Fachleute bezweifeln diese Auslegung der Beobachtungen und meinen, dass diese röhren- und eiförmigen Strukturen irdischen Ursprungs sind oder Reste anorganischer Prozesse darstellen.

Einige Experten sind der Auffassung, dass die auf dem Foto zu erkennenden orangefarbenen Strukturen und ihre chemische Zusammensetzung durch einfache, bakterienähnliche lebende Organismen zustande gekommen sind.

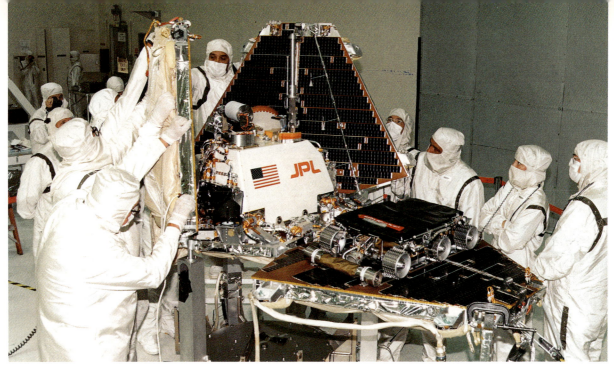

Die neue amerikanische Pathfinder-Raumsonde zum Planeten Mars wurde vor dem Start sorgfältig auf der Delta-Trägerrakete montiert. Die drei Solarzellen-Panele wurden hochgeklappt, damit die Anordnung in die enge Schutzhülle passte. Bei der Montage auf eine der drei Deckplatten der Pathfinder-Sonde wurde der Aufbau des kleinen Sechsrad-Fahrzeugs abgesenkt.

Welche neuen Raum-Sonden entwickelte die NASA?

Die Entdeckung der als Marsmikroben gedeuteten geheimnisvollen Spuren in dem Stein ALH-84001 hatte positive Auswirkungen auf die amerikanische Raumfahrtpolitik. Der zuständige Vizepräsident Al Gore ermächtigte persönlich NASA-Direktor Daniel Goldin zu einer Ausweitung des Forschungsprogramms für Planeten- und speziell für Mars-Raumsonden.

Im Rahmen des neuen Pathfinder-Programms der NASA wurde für die Erforschung des Mars eine neue Landekapsel entwickelt, um ein kleines Geländefahrzeug auf dem Planeten abzusetzen. Es sollte dessen steinige Oberfläche längere Zeit mit Videokameras und einem speziellen chemischen Analysegerät untersuchen. Der Lander sollte währenddessen die Atmosphäre und das Wetter auf dem Mars beobachten und Panoramabilder der Umgebung machen. Auch Wissenschaftler der deutschen Max Planck Gesellschaft aus den Instituten in Lindau und Mainz wurden zur Teilnahme an dem Projekt eingeladen.

Der Mars-Pathfinder bestand nur aus einer Landestation (mit eingeschlossenem Mini-Rover), der beim Start und während des mehrmonatigen Fluges zu dem roten Planeten in eine Schutzhülle eingepackt war. Die Transferstufe verfügte über ein Triebwerk für die Lageregelung und Kurskorrekturen. Eine größere Antenne hielt die Verbindung mit der Erde. Die Stromversorgung sicherte eine 1,5 m² große Panele mit Solarzellen, die 178 Watt elektrische Leistung lieferte.

Die Sonde trat bei ihrer Ankunft direkt in die Mars-Atmosphäre ein. Dort wurde sie abgebremst, bis sich das Fallschirmsystem aktivierte und die Kapsel der Oberfläche entgegenschwebte. Ein System von fünf riesigen Airbags federte den Landestoß ab und brachte nach Ablassen des Treibgases die Marskapsel in eine aufrechte Position.

Im Vergleich mit den vor 20 Jahren gestarteten Viking-Kapseln war der neue **MARS-PATHFINDER** (dt. „Mars-Pfadfinder") eher bescheiden. Millimetergenau wurden die Muttersonde und der Rover, der zur Erforschung der weiteren Umgebung des Landeplatzes auf dem roten Planeten dienen sollte, ineinandergeschachtelt.

Die Landekapsel und der Mini-Rover befanden sich in einer konisch geformten Schutzkapsel, die die Raumsonde während des siebenmonatigen Transferfluges vor der Weltraum-Kälte und beim Eintritt in die Mars-Atmosphäre vor der Reibungshitze schützte. Nach der Landung wurde die Umhüllung abgetrennt und gab den Pathfinder frei.

DAS GEWICHT DER PATHFINDER-MARSSONDE betrug beim Start 870 kg. Davon entfielen 304 kg auf die Oberstufe und deren Treibstoff (einschließlich 80 kg Hydrazin für das Steuersystem). Die Sonde trat mit 566 kg in die Mars-Atmosphäre ein, der auf dem Planeten niedergegangene Lander wog dann nur noch 325 kg. Von diesem Gewicht entfielen jeweils 16 kg auf die wissenschaftliche Instrumentierung und auf den kleinen Rover, dessen Instrumente nur 4,5 kg ausmachten.

Wie war der Mars-Pathfinder ausgerüstet?

Die Konstruktion des Pathfinder („Pfadfinder") erinnert etwas an frühere sowjetische Mondsonden, bei denen der Zentralkörper von seitlich angeklappten Deckeln geschützt wurde. Nach der Landung auf dem Mars wurden sie abgesenkt und gaben die Forschungsgeräte frei. Die Grundplatte war knapp einen Meter groß und enthielt alle wichtigen Systeme für eine längere Messarbeit auf der kalten Mars-Oberfläche. Dazu gehörten vor allem eine kleine Spezialkamera, eine Antenne und diverse Temperatur-, Wetter- und Windfühler. Zwei der seitlichen Deckplatten des Pathfinder waren mit insgesamt 2,8 m² Solarzellen zur Energieversorgung bedeckt. Auf der dritten Deckplatte war der kleine Rover befestigt, der über eine spezielle Rampe auf den Mars-Boden herabrollte. Zur Ausrüstung des Pathfinder gehörten noch ein leistungsfähiger Steuercomputer, ein Speicher für die wissenschaftlichen Daten und eine sendestarke Funkanlage.

Besondere Aufmerksamkeit fand die mit deutscher Hilfe gebaute IMP-Spezialkamera (*Imager for Mars-Pathfinder*), die nach der Landung mit einem kleinen Gittermast zur besseren Übersicht auf 1,5 m Höhe gebracht wurde. Der elektronische Bildsensor wurde von deutschen Wissenschaftlern des Max-Planck-Instituts für Aeronomie gebaut. Das insgesamt 5 kg schwere Instrument konnte Schwarzweiß- und Farbaufnahmen sowie Panorama- und Stereobilder der Landeplatz-Umgebung auf dem Mars machen.

Die Atmosphären- und Wetterstation auf dem Pathfinder basierte auf dem für die Viking-Sonden vor 20 Jahren entwickelten Sensor und konnte dessen Arbeit auf dem Mars fortsetzen. Die Messungen, vornehmlich Temperatur- und Druckmessungen, begannen schon während des Abstiegs des Pathfinder zur Mars-Oberfläche. Der 2 kg wiegende Sensor benötigte nur 3,2 Watt elektrische Leistung.

Gleich nach der glücklichen Landung auf dem Mars und dem Absenken der drei Schutzklappen übermittelte die in Deutschland gebaute Spezialkamera erste Aufnahmen der umgebenden Stein- und Sandwüste. Mit den Bildern wurde auch gleich die Position des Mini-Rovers überprüft, der seine Rampe aber erst verlassen konnte, nachdem der helle Airbag sich völlig entleert hatte und den Weg freigab. Drei Monate lang kurvte der Sojourner durch die Steinwüste nahe dem Landeplatz. Für den Antrieb reichten die Solarzellen, die auf der ungefähr 1/4 m² großen Deckplatte angebracht waren.

Wie verlief die Pathfinder-Mission auf dem Mars?

Die neue amerikanische Mars-Raumsonde startete am 4.12.1996 mit einer Delta-Rakete und der speziellen PAM-Oberstufe von der Cape Canaveral Air Station in Florida. Der Aufstieg und das Einsetzen der Kapsel in die Bahn zum Mars gelangen ebenso einwandfrei, wie die vier Kurskorrektur-Manöver unterwegs.

Geplanter Ankunftstag für den Pathfinder war der amerikanische Nationalfeiertag, an dem schon manches wichtige Raumfahrtereignis stattgefunden hatte. Dank der genauen Bahnsteuerung durch die Bodenkontrolle klappte die pünktliche Ankunft der Raumsonde beim Mars am 4.7.1997. Der Eintritt der Kapsel in die Mars-Atmosphäre, die aerodynamische Abbremsung durch die Gashülle, der Fallschirmabstieg und schließlich die abgefederte Landung gelangen planmäßig. Zwölfmal prallte der Super-Airbag wieder vom Boden hoch, bevor er zur Ruhe kam und beim Leeren der Luftsäcke die Raumsonde freigab.

Die Spezialkamera machte ein erstes Panoramabild der Landestelle, die sich wieder als rötliche Sand- und Steinwüste entpuppte, wie schon bei der Umgebung der Viking-Landestellen 20 Jahre zuvor. Der Pathfinder hatte die vorgesehene Landestelle im relativ tief gelegenen Ares Vallis auf dem Mars genau getroffen. Die Abweichung vom Zentrum der 100 km x 200 km großen Zielellipse betrug nur 20 km. Die genauen Koordinaten des Pathfinder-Standorts lauteten 15° Nord und 160° West, etwa 850 km südöstlich vom Landeplatz des Viking 1-Landers.

Die Planetenforscher in aller Welt waren angesichts der erfolgreichen Pathfinder-Landung begeistert. Das ließ schnell die Enttäuschung über den Verlust des amerikanischen Mars-Observer und der russischen Mars 96-Mission vergessen. Und dabei war die Raumsonde von der NASA eigentlich nur als Technologie-Demonstrator für die geplante neue Klasse preiswerterer, einfacherer und besserer Planetensonden gedacht. Mit der glatten Landung war das Missionsziel eigentlich schon erreicht. Die monatelange Funktionsdauer des Landers und des Rovers waren sozusagen eine, zwar erhoffte, aber letztendlich unerwartete Zugabe.

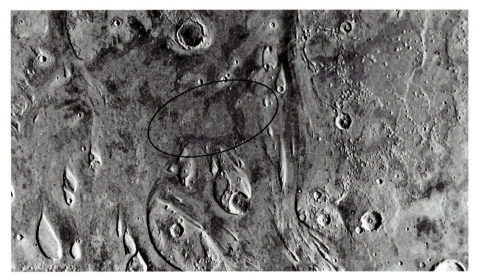

Der Landeplatz der Pathfinder-Sonde liegt in einem großen Flussdelta, wo vielleicht vor Jahrmilliarden große Mengen Wasser geflossen sind. Das Gelände liegt tief, ist relativ flach und versprach interessante wissenschaftliche Erkenntnisse, was sich dann nach der erfolgreichen Pathfinder-Landung und dem Sojourner-Einsatz bestätigte. Die Aufnahmen dieses Bildmosaiks lieferten die beiden Viking-Orbiter vor 20 Jahren.

Gleich nach der Landung wurde die Pathfinder-Landestation in „CARL SAGAN MEMORIAL STATION" zu Ehren des bekannten amerikanischen Planetenforschers und Publizisten umbenannt. Er hatte an der Vorbereitung des Pathfinder-Projekts mitgearbeitet und war Ende 1996 nach langer Krankheit verstorben.

Vor dem Start wurde der kleine Mars-Rover nach der Idee einer zwölfjährigen Schülerin auf den Namen Sojourner getauft. Sie hatte einen von der NASA ausgeschriebenen Jugendwettbewerb gewonnen, als sie für den Mars-Rover den Namen der REFORMISTIN SOJOURNER TRUTH vorschlug. Die Afroamerikanerin war während des US-Bürgerkriegs im 19. Jahrhundert für die Menschenrechte und für die Gleichberechtigung der Frauen eingetreten.

Eines der wichtigsten Instrumente auf der neuen amerikanischen Mars-Sonde war die IMP-SPEZIALKAMERA (*Imager for Pathfinder*) zur optischen Erfassung der Landeplatz-Umgebung. Auf dem Mars wurde die Spezialkamera zur Verbesserung der Übersicht an einem Mast auf 1,5 m Höhe hochgefahren. Das IMP-System wurde großenteils vom deutschen Max-Planck-Institut für Aeronomie gebaut. Der verantwortliche Wissenschaftler Uwe Keller erhielt dafür sogar einen beliebten Fernsehpreis.

Wie funktionierte der Mini-Rover auf dem Mars?

Der wichtigste Teil der amerikanischen Pathfinder-Mission war sicher die Arbeit des kleinen Geländefahrzeugs, das nicht viel größer als ein ferngesteuertes Spielzeugauto war. Die Expeditionen des kleinen Rover auf der Mars-Oberfläche fanden größte Aufmerksamkeit, ja oft sogar Begeisterung bei der Presse und in der breiten Öffentlichkeit, die über Fernsehsendungen und im Internet informiert wurden.

Das kleine Fahrzeug war sehr einfach aufgebaut und instrumentiert, um in der extremen Umgebung auf dem Mars längere Zeit aktiv sein zu können. Mit seinen sechs kleinen, frei aufgehängten Rädern war er in der Lage weite Wege zurückzulegen. So konnten auch größere im Weg liegende Steinbrocken überwunden werden. Der Wagen war im Einsatz etwa 63 cm lang, 48 cm breit und 28 cm hoch.

Das Dach des Rovers bildete eine 1/4 m^2 große Fläche von Solarzellen mit 16 Watt elektrischer Leistung. Damit musste der kleine Wagen auf der kalten Mars-Oberfläche auskommen.

Die Steuerung des Mars-Rovers erfolgte halbautomatisch über den kleinen Bordcomputer, der mit einem Laser-Messgerät verbunden war. Ein Steuermann auf der Erde überwachte die Fahrt mit Hilfe der laufend übermittelten schwarzweißen Navigationsfotos. Die Funkverbindung des Rover mit der Erde lief über den Pathfinder-Lander.

Am Bug und Heck befand sich je eine Kamera, mit deren Hilfe der Rover sich in dem Steingarten orientierte. Das wichtigste Gerät des Rover war das chemische Analysegerät mit dem komplizierten Namen *Alpha Proton X-Ray Spectrometer* (APXRS). Diese

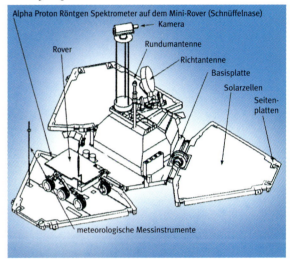

sogenannte Schnüffelnase wurde von deutschen und österreichischen Forschern im Max-Planck-Institut für Chemie in Mainz entwickelt. Es analysierte die chemische Zusammensetzung der Steine am Landeplatz und konnte eventuell auftretendes Wassereis auf dem Mars nachweisen.

Das Instrument wog 740 Gramm und brauchte zum Messbetrieb nur 0,8 Watt elektrische Leistung. Der ganze Rover kam mit 13 Watt aus, was erstaunlich wenig für die schwierige Fahrt auf sechs Rädern in der von Steinbrocken übersäten Umgebung des Pathfinder-Landeplatzes und die wissenschaftliche Messarbeit war.

Vorderansicht des Mini-Rover Sojourner. In der Mitte ist deutlich die zylindrisch geformte „Schnüffelnase" zu erkennen.

Welche Ergebnisse brachten Pathfinder und Sojourner?

Die zunächst auf 30 Tage veranschlagte Primärmission des Pathfinder verlief äußerst erfolgreich. In den drei aktiven Monaten haben die „Sagan Memorial Station" und der Sojourner-Rover 3 Gigabit Messdaten vom Mars zur Erde übertragen. Das war doppelt so viel, wie die Experten erwartet hatten. Allein der Wettersensor machte rund 4 Mio. Temperatur- und Windmessungen.

Die Kamera auf dem Pathfinder-Lander lieferte etwa 16 000 Schwarzweiß- und Farbbilder. Die drei Kameras des Rover machten etwa 550 Aufnahmen der Umgebung. Mit dem Bildsensor, den deutsche Techniker des Max-Planck-Instituts für Aeronomie für die Pathfinder-Kamera entwickelt hatten, wurde vor allem die Mars-Atmosphäre im Wechsel der Tageszeiten und unter verschiedenen Beleuchtungsbedingungen untersucht.

Der Rover legte in den drei Monaten über 100 Meter zurück und umrundete dabei einmal die Landestation. Kontrolliert durch die Bodenstation auf der Erde steuerte Sojourner einige Dutzend Steine an und untersuchte sie mit dem chemischen Analysegerät.

Ein Ausflug des Rover zu den weiter vom Pathfinder entfernten *Twin Peaks*, zwei markanten Sandbergen, gelang nicht mehr. Das kleine Mars-Auto ist wahrscheinlich bei einer letzten Fahrt vor einen der vielen Mars-Steine gefahren. Am 27.9.1997 hatte der Pathfinder noch einmal vollständige Daten zur Erde übertragen. Aber nach einem letzten Funksignal am 6. Oktober brach die Verbindung zu der Mars-Sonde endgültig ab.

Neben dem riesigen technischen und wissenschaftlichen Erfolg war die Pathfinder-Mission auch das weltweit bisher größte Internet-Ereignis. Viele Bilder und Messergebnisse der Sonde wurden von der NASA gleich nach Eintreffen in das weltumspannende Computer-Informationsnetz gegeben.

In den ersten 30 Tagen nach der Landung gab es über eine halbe Milliarde Zugriffe auf die für Pathfinder eingerichteten Seiten des WORLD WIDE WEB. Am 8. Juli, als die ersten Oberflächenaufnahmen des Pathfinder vom Mars veröffentlicht wurden, waren es allein über 50 Millionen Anfragen.

Die größten Objekte in dem „Steingarten" erhielten von den Kontroll-Ingenieuren einprägsame Namen. Auf diesem Bild steht der Sojourner-Rover nahe Barnacle Bill, *rechts am Rand ist* Yogi *erkennbar. Viele dieser Steine wurden von dem kleinen Fahrzeug und seinem chemischen Analysegerät in ihrer Zusammensetzung genauer untersucht.*

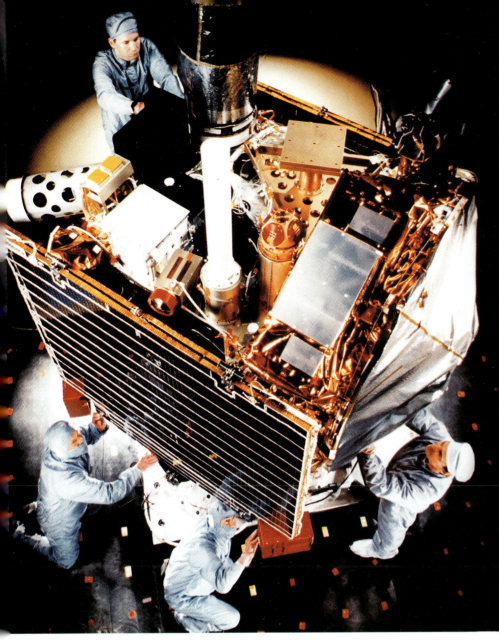

Mit dem Mars Global Surveyor startete die NASA eine Raumsonde, die die Oberfläche und Atmosphäre des roten Planeten längere Zeit gründlich erforschen soll. Dabei wird die Instrumenten-Plattform mit den vielen Sensoren stets direkt auf den Planeten ausgerichtet sein. Der große Zylinder ganz oben enthält die hochauflösende Spezialkamera, die noch 1,5 m große Objekte auf dem roten Planeten sichtbar machen soll. Die Energie bezieht der Surveyor aus zwei großen Solarzellen-Panelen, die Messdaten werden von einer großen Antenne zur Erde übertragen.

Der Mars Global Surveyor ist nicht nur rein äußerlich ein kleinerer Nachfolger des 1992 gestarteten und kurz vor Erreichen des Zielplaneten verschollenen Mars-Observers, sondern transportiert auch eine geringere Nutzlast. Die Konstruktion wird von dem kastenförmigen Zentralkörper mit 1,2 m x 1,7 m x 1,7 m Kantenlänge bestimmt, in dem das Antriebs- und Ausrüstungsmodul vereinigt sind.

Die in drei Achsen stabilisierte Sonde wiegt 595 kg, der Treibstoff zum Einschuss in die Mars-Umlaufbahn macht 380 kg aus, die Forschungsgeräte wiegen 75 kg. Nach dem Start wurden zwei Solarzellen-Panele mit insgesamt 6 m^2 Fläche für knapp 1000 Watt elektrische Leistung ausgeklappt. Die Parabolantenne für die Datenübertragung zur Erde hat 1,5 m Durchmesser.

Wie ist die Raumsonde Mars Global Surveyor aufgebaut?

Während des günstigen Startfensters Ende 1996 startete die US-Raumfahrtbehörde NASA neben dem erfolgreichen Pathfinder-Lander auch die Raumsonde Mars Global Surveyor. Sie soll den Planeten längere Zeit umrunden und mit ihren hochauflösenden Kameras sowie anderen Instrumenten systematisch erkunden. Es ist die zweite Raumsonde des neuen amerikanischen Planetenforschungsprogramms.

Die Surveyor-Raumsonde trägt vier Forschungsinstrumente. Es sind die gleichen, die schon auf dem verschollenen Mars-Observer flogen. Wichtigstes Instrument des Global Surveyor ist die Spezialkamera mit zwei Weitwinkel-Objektiven für geologische Übersichtsaufnahmen. Dazu kommt eine Teleoptik, die bei starker Annäherung an den Planeten ein Auflösungsvermögen von 1,5 m erreichen soll. Vielleicht kann die Kamera sogar die Viking-Sonden und den Pathfinder an ihren Landeplätzen auf dem Mars identifizieren.

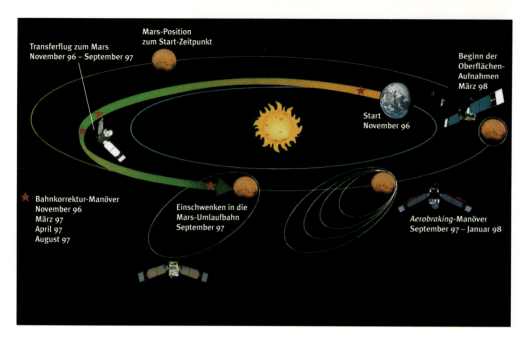

Welche Flugbahn war für den Mars Global Surveyor geplant?

Die neueste amerikanische Mars-Raumsonde wurde am 7.11.1996 von einer Delta-Rakete gestartet und traf nach mehreren Bahnkorrektur-Manövern wie geplant nach zehn Monaten am 11.9.1997 bei dem roten Planeten ein. Mit einem 25-minütigen Zünden des kleinen Raketenmotors gelang der Einschuss in die langgezogene Mars-Umlaufbahn. Bei einer Umlaufzeit von 50 Stunden betrug der kleinste Abstand der Sonde zum Mars 370 km und der größte Abstand 56 000 km.

Bis zum Januar 1998 sollte der hohe Teil der Umlaufbahn durch sogenannte Aerobraking-Manöver drastisch abgesenkt werden. Darunter versteht man das regelmäßige Durchfliegen der hohen Mars-Atmosphäre, die die Raumsonde abbremst und die Höhe der Umlaufbahn verringert. Allerdings hat es bei diesem ungewöhnlichen Manöver einige Probleme gegeben, weil eines der beiden Solarzellen-Panele nicht richtig eingerastet war und bei jedem Flug in die Atmosphäre gefährlich verdreht wurde.

Es ist deshalb fraglich, ob der Global Surveyor so die geplante kreisförmige Mars-Umlaufbahn mit 367 km Abstand und 118 Minuten Umlaufzeit noch erreichen kann, ohne das eine Sonnensegel und damit die Energieversorgung zu gefährden. Notfalls muss das Bordtriebwerk noch einmal zur Bahnabsenkung gezündet werden, aber damit würde die Arbeitsphase der Sonde in der Mars-Umlaufbahn erheblich reduziert und die geplante neue Fotokarte unvollständig bleiben.

Illustration des Mars Global Surveyor beim Abbrems-Manöver in der hohen Mars-Atmosphäre (Aerobraking)

Neue Mars-Raumsonden Amerikas und Europas

Welche neuen Mars-Raumsonden plant die NASA?

Die NASA möchte auch das nächste Startfenster Ende 1998 Anfang 1999 nutzen, um einen weiteren Orbiter beziehungsweise Lander auf den Weg zu bringen. Auch Europa und Japan planen den Start ihrer ersten Mars-Sonde, während Russland nach der Enttäuschung mit Mars 96 zunächst keine weiteren Pläne und kein Geld für neue Projekte zum roten Planeten hat. Der neue amerikanische Orbiter im Rahmen des Programms „Mars Surveyor 98" soll im Dezember 1998 auf den Weg gebracht werden. Er ist mit 565 kg Gewicht praktisch eine halbierte Version des noch 1000 kg schweren Global Surveyor. Zum Start wird die preiswertere Lite-Delta Rakete verwendet. Im September/Oktober 1999 würde der neue Mars-Orbiter sein Ziel erreichen und die Umlaufbahn wieder durch Abbremsen in der Atmosphäre kreisförmig machen. Aus 400 km Höhe könnten die Messgeräte dann ab Februar 2000 zwei Jahre lang gezielt den Mars erforschen.

Die Instrumentierung soll aus einer hochauflösenden Kamera und einem Infrarot-Gerät bestehen, das noch vom Mars-Observer übriggeblieben ist. Mit diesen Instrumenten sind genaue Untersuchungen der Atmosphäre sowie Temperatur-, Wasserdampf- und Staubmessungen geplant. Von der neuartigen Kamera *Mars Surveyor Color Imager* erhoffen sich die Wissenschaftler noch schärfere Weitwinkel- und Telefarbbilder.

Der neue Mars-Lander der amerikanischen Surveyor-Serie wird im Januar 1999 ebenfalls mit einer Delta-Rakete starten und nach einem Direktflug im Dezember 1999 auf dem Mars niedergehen, wie schon der Pathfinder zwei Jahre zuvor. Airbags sind aber nicht mehr geplant, Bremsraketen und Federbeine sollen den Landestoß abfangen. Das Zielgebiet für diese Instrumentenkapsel ist der Rand der südlichen Polkappe bei 71° Süd. Die Forschungsphase soll mindestens drei Monate dauern.

In Anbetracht der Kosten, der Gewichtsgrenze von nur 565 kg für die Raumsonden des Surveyor-Programms und der 3,6 m² großen Solarzellen-Flächen können nur 20 kg Forschungsgeräte mitgeführt und elektrisch gespeist werden. Schon während des Landeanflugs auf den Mars sind erste Bildaufnahmen geplant. Das wichtigste Instrument außer der Kamera wird ein chemisches Analysegerät zur Untersuchung des Marsbodens sein, wie damals bei den Viking-Landekapseln. Auch die Atmosphäre und das Wetter auf dem Mars werden weiter untersucht.

Eine der künftigen amerikanischen Mars-Sonden soll während ihrer Mission auf dem Mars Stein- und Sandproben sammeln und wieder zur Erde zurückbringen. Die vielleicht auf dem Viking-Entwurf basierende Grundstufe dieser für das Jahr 2005 geplanten Surveyor-Sonde dient auch als Startgestell für die Oberstufe. Die Erfolgsaussichten dieser technisch sehr schwierigen Raumsonden-Mission sollen durch die Verwendung neuester Konstruktionsmethoden und modernster Elektronik gesichert werden. Das Gelingen einer solchen Rückhol-Mission ist auch die Voraussetzung für den eines fernen Tages geplanten Astronauten-Flug zum roten Planeten.

Welche Pläne hat die amerikanische Mars-Forschung?

Für das Mars-Startfenster 2001 plant die NASA eine weitere Doppelmission mit einem Rover. Für das Jahr 2003 ist die Stationierung eines Netzes kleiner Messstationen auf dem roten Planeten geplant. Eine amerikanische Raumsonde zur Beförderung von Mars-Bodenproben zurück zur Erde wird es aber frühestens im Jahr 2005 oder 2007 geben, zu groß sind noch die technischen Probleme und finanziellen Hürden für eine solche *Mars Sample Return Mission*.

Bis zum Jahr 2007 will die NASA insgesamt zehn neue Mars-Sonden starten und sich dabei in der technischen Konzeption nicht zu früh festlegen. Vielmehr sollen die Aufgaben der neuen Instrumententräger jeweils von den Ergebnissen der vorangegangenen Missionen abhängig gemacht werden. Und keine Raumsonde wird mehr kosten als 1/10 der Entwicklung eines modernen PKW.

Aber es wird auch Kritik an den Plänen der NASA geäußert, denn die kleinen, leichten, preiswerten Raumsonden können nur wenige Instrumente an Bord mitführen. Diese sind nicht in der Lage, genaue chemische Analysen des Mars-Bodens vorzunehmen und winzige Spuren fossilen Lebens aufzuspüren – falls diese wirklich existieren. Vielleicht werden die Planungen aber noch einmal überprüft und doch wieder große, vielseitige Analyselabors für die Mars-Forschung eingesetzt.

Diese Aufnahme einer Mars-Hemisphäre stammt von der Viking-Sonde. Gut zu erkennen sind die vier großen Vulkane auf der Tharsis-Hochebene, zahlreiche Gebirge und Krater, dunkle und helle Gebiete, Dunstschleier und Wolken sowie die südliche Polkappe.

So könnte die Sonde und der Lander der Mission im Jahre 2001 konstruiert sein.

Der Mars-Express

Welche Raumsonden planen Europa und Deutschland?

Lange Zeit beherrschten Amerika und die Sowjetunion die Mars-Forschung mit ihren Raumsonden. Nur gelegentlich wurden bei einzelnen Missionen auch Instrumente anderer Länder mit an Bord genommen. Aber neben der verstärkten Beteiligung an internationalen Projekten haben Europa und sogar Deutschland inzwischen eigene Mars-Projekte entwickelt, um bestimmte, bisher ungeklärte Fragen der Forschung aufzugreifen. Die Europäische Raumfahrtorganisation ESA hat ihren Mitgliedern vor einiger Zeit das Intermarsnet-Projekt vorgeschlagen. Dabei sollten ursprünglich im Jahr 2003 mit der Ariane 5-Rakete einige kleine Messstationen für geologische Studien auf den roten Planeten gebracht werden. Die Astrophysiker wollen mit dieser Mission vor allem die innere Struktur des Planeten, seine Entstehung und Geschichte erforschen.

Inzwischen wurde das Intermarsnet-Projekt in Mars-Express umbenannt. Die Nutzlast soll aus mehreren Landekörpern für die Mars-Oberfläche bestehen. Die Studien zum Mars-Express sind auch zugleich die Entwicklungsstufen für ein künftiges Netzwerk von Marsmessstationen.

Jede der kleinen, von europäischen Forschern geplanten Messstationen, soll nur 7,5 kg wiegen. Ihre Daten würden regelmäßig von dem dazugehörigen Mars-Orbiter abgehört und zur Erde übertragen werden. Auch eine größere Landestation für umfangreiche Oberflächenanalysen ist geplant. Das ganze Raumfahrzeug für die Mars-Express-Mission soll 2,5 Tonnen wiegen und mit einer Ariane 5-Rakete gestartet werden. Allerdings steht dieses Projekt zur Zeit in Konkurrenz mit anderen geplanten Wissenschaftsmissionen der ESA. Im Herbst 1998 soll entschieden werden, ob es verwirklicht werden kann.

Eine der Nutzlasten der europäischen Mars-Sonde könnte der beim Deutschen Zentrum für Luft- und Raumfahrt (DLR) in Köln entwickelte kleine Rover sein, ähnlich dem so erfolgreichen Sojourner der amerikanischen Pathfinder-Mission. Die DLR-Experten arbeiten an einem sogenannten Rollschreiter, der nur 7 cm x 21 cm x 24 cm groß ist und 3,5 kg wiegt. Er soll mit geringem Energieaufwand ein hohes Maß an Beweglichkeit auf dem Planeten erreichen.

Beim Deutschen Zentrum für Luft- und Raumfahrt in Köln werden sogenannte Mikro-Rover untersucht, die trotz kleiner Abmessungen vielfältig ausgerüstet sind und mit wenig elektrischer Energie große Strecken zurücklegen können. In einer nachgebildeten Mars-Landschaft werden erste Modelle solcher Mikro-Fahrzeuge, ihre Fortbewegungs- und Steuerungseigenschaften gründlich getestet. Solche Mikro-Rover eignen sich nicht nur für die Erforschung des Mars. Sie können zum Beispiel auch auf einem der großen Jupiter-Monde eingesetzt werden.

Wann werden Menschen zum Mars fliegen?

Die Distanz zwischen Erde und Mars ist, nach interplanetarischen Maßstäben gemessen, relativ gering. Die trotz aller Unterschiede erträglichen Verhältnisse auf dem roten Planeten werden es eines Tages auch Menschen ermöglichen, auf dem Mars zu landen. Daran besteht kein Zweifel. Alle heutigen auf den Mars bezogenen Raumsonden-Aktivitäten dienen auch dem Ziel, einen eventuellen Flug einer Astronautenmannschaft zum Mars vorzubereiten. Planungen dafür gibt es seit einigen Jahrzehnten. Die erste vollständige Studie erarbeitete in den 50er Jahren der deutsch-amerikanische Raketenexperte Wernher von Braun. Diese Arbeit ist die Grundlage aller jüngeren Untersuchungen über eine mögliche Reise zum Mars, die bei der amerikanischen NASA und wohl auch bei den Russen sowie neuerdings bei Europäern und Japanern in den Schubladen liegen.

Aber bisher fehlt weltweit der politische Wille zu einer solchen gigantischen Raumfahrtmission und damit auch das nötige Geld. Zunächst konzentrieren sich die Raumfahrt-Nationen auf die Errichtung und den Betrieb der Internationalen Raumstation, die alle Raumfahrtkräfte für die nächsten 15-20 Jahre bindet. Für eine bemannte Mars-Mission müsste es wieder neue, sensationelle Nachrichten über Lebensspuren auf dem Mars geben. Dann würde die Öffentlichkeit – und damit die Politiker – sicher schnell nach einem solchen bemannten Mars-Projekt rufen.

Man kann nicht auf direktem Weg zum Mars fliegen, der Energieaufwand für eine solche Flugbahn wäre viel zu hoch. Deshalb muss man eine günstige Konstellation beider Planeten zueinander abwarten. Der kurze Zeitraum in dem der Start von der Erde oder der Rückflug vom Mars aus erfolgen muss, nennt man „STARTFENSTER".

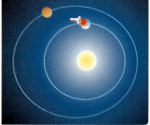

Bemanntes Raumschiff startet von der Erde.

Erde und Mars stehen in Opposition (größte Annäherung beider Planeten).

Raumschiff landet auf dem Mars.

Erde und Mars stehen in Konjunktion (größter Abstand zwischen beiden Planeten).

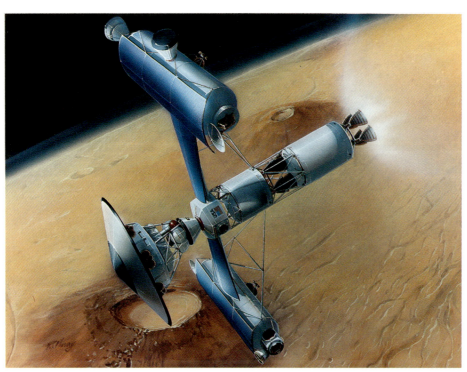

Es gibt viele Entwürfe für das Raumschiff, das eines fernen Tages die ersten Menschen zum Planeten Mars befördern soll. Aber noch verfügen wir auf der Erde nicht über die dafür notwendigen Technologien und logistischen Verfahren, ganz abgesehen von dem vielen Geld, das dafür gebraucht würde. Während früher ein sogenannter Atomantrieb für den langen Flug zum Mars erwogen wurde, kehren die heutigen Planer bei ihren Entwürfen zu konventionellen chemischen Raketenantrieben zurück. Die zum Betrieb der Bordsysteme und zur Astronauten-Versorgung erforderliche elektrische Energie soll mit großen Solarzellen-Flächen erzeugt werden, die auch in Mars-Entfernung noch genügend Leistung abgeben.

Diese Gelegenheit bietet sich ungefähr alle zwei Jahre. Der Flug zum Mars würde etwa 240 Tage (ca. acht Monate) dauern. Dann hätten die Astronauten bei einer kurzen Mission ungefähr einen Monat, bei einer langen Mission an die 550 Tage Zeit, um auf dem Mars Experimente durchzuführen, bevor sie wieder den Rückflug zur Erde antreten müssten.

Raumschiff startet auf dem Mars.

Erde und Mars stehen in Opposition.

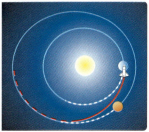

Raumschiff landet auf der Erde.

Die elliptische Flugbahn Erde-Mars und Mars-Erde wird auch **HOHMANN-BAHN** genannt. Schon 1925 berechnete der Essener Ingenieur Walter Hohmann eine mögliche Flugbahn eines interplanetarischen Weltraumfluges.

Wie könnte ein bemanntes Mars-Raumschiff aussehen?

Die Ingenieure überlegen unterdessen, ob die Astronauten-Mission zum Mars mit mehreren großen Raketen direkt von der Erde aus beginnen sollte, ob sie von einer Raumstation oder von einer bemannten Basis auf dem Mond starten müsste. Jede Variante hat ihre Vor- und Nachteile, die gegeneinander abgewogen werden müssen.

Die Fachleute diskutieren auch, ob es dann nur einen Astronautenflug zum Mars geben soll oder, ob es besser sei, mehrere Missionen zu dem Planeten zu starten, wie damals bei den Apollo-Flügen zum Mond. Allerdings würden mindestens einige Jahre zwischen zwei Mars-Flügen liegen, weil man ja erst den Verlauf der vorangegangenen Mission abwarten müsste.

In 20 oder 30 Jahren gibt es eventuell auch neue technische Möglichkeiten im Raketenbau. Und einen beziehungsweise mehrere Träger wie die amerikanische Saturn-5 oder die russische Energija-Großrakete würde man für einen bemannten Flug zum Mars schon brauchen, um die schweren Raumschiffe auf die ferne Reise zu bringen. So gesehen ist es bedauerlich, dass beide Trägersysteme seit vielen Jahren nicht mehr gebaut werden.

Neuen Studien für einen abgespeckten bemannten Flug zum Mars, der nach Kalkulationen von Experten nur wenige Milliarden US-Dollar kosten würde, muss man jedoch mit großer Skepsis begegnen. Das zeigen die allgemeinen Erfahrungen mit internationalen Großprojekten, die oft ein Mehrfaches dessen kosten, was ursprünglich einmal als Preis dafür genannt wurde.

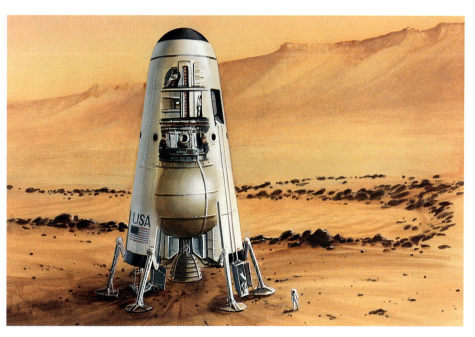

So etwa könnte eine kombinierte Lande- und Aufstiegstufe für die bemannte Mars-Mission aussehen, mit der die Astronauten sowohl die Atmosphäre des Planeten durchdringen und auf der Oberfläche niedergehen, als auch später wieder in die Mars-Umlaufbahn zum Mutterschiff aufsteigen könnten. Der Flug von Menschen zum Mars wird im Grundsatz wohl ähnlich ablaufen wie damals die amerikanischen Apollo-Flüge zum Mond. Aber der Astronauten-Besuch bei unserem Nachbar-Planeten wird natürlich wesentlich länger dauern und in weit größere Entfernung von der Erde führen. Die Besatzung des Mars-Raumschiffs wird völlig auf sich selbst gestellt sein.

Welche Probleme ergeben sich bei bemannten Mars-Flügen?

Neben allen politischen, finanziellen und technischen Fragen müssen bei der Planung einer solchen mehrjährigen Mars-Mission vor allem die menschlichen Aspekte berücksichtigt werden. Wegen der besonderen Bahnverhältnisse zwischen Erde und Mars würde ein solcher Flug zum roten Planeten mit den heute verfügbaren chemischen Raketenantrieben mindestens 456 Tage mit je 210 Tagen für den Hin- und Rückflug dauern. Da bliebe aber nur ein Monat für den Aufenthalt auf dem Mars, für größere Aktivitäten der Astronauten auf der Mars-Oberfläche würde die Zeit kaum ausreichen. Für eine längere Forschungsphase auf dem roten Planeten wäre aber eine mindestens dreijährige Missionsdauer erforderlich.

Das würde an die Besatzungsmitglieder des bemannten Marsfluges große körperliche und seelische Anforderungen stellen. Nach etwa einjähriger Schwerelosigkeit während des Transfer-Fluges müssten die Männer und Frauen dann plötzlich auf der Mars-Oberfläche topfit sein und schwierige, anstrengende Forschungsarbeit leisten. Auf dem Rückflug zur Erde befänden sie sich dann erneut ein Jahr lang in der Schwerelosigkeit. Nach der Rückkehr zur Erde wären die Astronauten wieder der vollen irdischen Schwerkraft ausgesetzt und dürften Probleme bei der Eingewöhnung haben.

Die bemannte Mars-Mission wird zunächst in den Köpfen der Ingenieure und in ihren Computern geplant. Diese Planung ist auch die Vorlage für Künstler und Grafiker, die uns die schönen Ansichten von künftigen Mars-Raumschiffen liefern. Zu diesen Entwürfen gehört auch das Konzept einer rotierenden Struktur, die den Astronauten während der langen Transferflüge eine gewisse Schwerkraft vermittelt, damit sie nicht schon geschwächt den Mars erreichen. Teil der Ausrüstung des Raumschiffes ist auch ein großes Raketen-Antriebsmodul für die Beschleunigung des Fluges zum Mars und die Rückkehr zur Erde. Ein schwer lösbares Problem ist der Entwurf der eigentlichen Landeeinheit für den Abstieg der Astronauten auf die Planeten-Oberfläche, die mit einer fest eingebauten Wiederaufstiegs- und Rückkehrstufe ausgestattet werden muss.

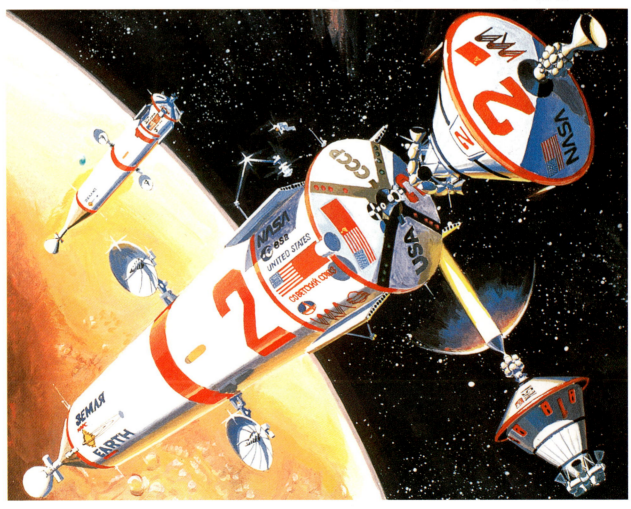

Auch Europa hat kürzlich neue Konzepte für eine Mars-Raumsonde vorgelegt. Alle Landekörper für den roten Planeten nutzen die dünne Atmosphäre zum Abbremsen der hohen Ankunftsgeschwindigkeit, wofür sie aber ein wirksames Hitzeschild benötigen. Bei einer Bodenproben-Rückholmission verdoppeln sich die technischen Anforderungen und die notwendigen Treibstoff-Vorräte, denn die wieder startende Kapsel muss zuerst die Anziehungskraft des Mars überwinden, bevor sie wieder zur Erde gelangen kann.

Bisher haben sowjetische bzw. russische Kosmonauten die meisten Erfahrungen mit Langzeit-Raumflügen gemacht. Einige Männer hielten ein Jahr und länger auf der Mir-Station aus und kehrten ohne bleibende Schäden zur Erde zurück. Damit haben sie nach Ansicht vieler Experten bewiesen, dass auch eine anderthalb- oder dreijährige Mission von Menschen zum Mars in biomedizinischer Hinsicht möglich ist. Allerdings können nur Besatzungsmitglieder mit einer überdurchschnittlichen körperlichen Leistungsfähigkeit eine solche Belastung überstehen. Zudem müssen die Astronauten an Bord regelmäßig ausgedehnte Körperübungen machen, damit sie auf dem Mars voll einsatzfähig wären, selbst wenn sie dort nur 40 Prozent der irdischen Anziehungskraft ausgesetzt sind. Denn vor allem das Knochenskelett und die Muskulatur des Menschen verlieren in der Schwerelosigkeit ihre Leistungsfähigkeit, wie die russischen Raumfahrtmediziner berichten, wenn die Astronauten bei einem Langzeitflug nicht regelmäßig trainieren.

Die Entwicklung völlig regenerierbarer, also sich laufend selbst erneuernder Lebenskreisläufe in einem geschlossenen Raumkapsel-System ist bisher nicht gelungen – und ist wohl auch so bald nicht zu erwarten. Deshalb müsste das Mars-Raumschiff alle Vorräte für die Besatzung von der Erde mitnehmen. Dazu würden große Mengen Stickstoff und Sauerstoff, viel Wasser und natürlich alle Lebensmittel gehören. Die elektrische Energie könnte wohl laufend über große Solarzellen-Panele gewonnen werden, die auch beim Mars noch wirksam sind.

Es ist aber bisher auch kein Grund aus dem medizinischen, technischen oder wissenschaftlichen Bereich bekannt, der einem bemannten Marsflug grundsätzlich entgegenstehen würde. Der Traum, dass ein Mensch in absehbarer Zeit den Mars betritt, ist somit in Reichweite.

TABELLE DER GEPLANTEN MARS-RAUMSONDEN

Bezeichnung		Start	Ankunft	Forschungsaufgaben
Planet-B	(Japan)	Juli 1998	November 1999	Marsorbit
Surveyor-98	(USA)	Dezember 1998	November 1999	Aerobraking-Orbit, Mars-Kartierung, Funkrelais
Surveyor-99	(USA)	Januar 1999	Dezember 1999	Direkteintritt, Landung am Südpol, Bodenproben
Microprobes	(USA)	Januar 1999	Dezember 1999	Absetzen eines Landers
Surveyor-01	(USA)	Februar 2001	Januar 2002	Orbiter-Aerobraking, Oberflächen-Kartierung
Surveyor-01	(USA)	März 2001	Dezember 2001	Direkte Landung im Hochland mit 40-kg-Rover
Surveyor-03	(USA)	Mai 2003	Februar 2004	Direkte Landung, Sammeln von Bodenproben
Mars-Express	(Europa)	Mai 2003	März 2004	Orbiter mit einigen Experimenten von Mars 96
Surveyor-05	(USA)	Juli 2005	April 2006	Bodenproben-Rückholmission Erde-Mars-Erde

Der Mars in Zahlen

DER PLANET MARS IM VERGLEICH ZUR ERDE

	Einheit	Mars	Erde
Mittlerer Sonnenabstand	Mio. km	227,84	149,57
Sonnen-Umlaufzeit	Tage	687	365,26
Durchmesser (Äquator)	km	6793	12.756
Masse (relativ zur Erde)	Prozent	10,7	100
Volumen (relativ zur Erde)	Prozent	15	100
Planetenoberfläche (relativ zur Erde)	Prozent	27,45	100
Schwerebeschleunigung	m/s²	3,76	9,81
Mittlere Dichte	g/cm³	3,93	5,52
Atmosphärendruck	mbar	3-8	1000
Rotations-Achsneigung	Grad	25,19	23,45
Tagesdauer (Rotationszeit)	h:min:s	24:37:23	23:56:04
Fluchtgeschwindigkeit	km/s	5,03	11,2
Zahl der Monde		2	1

DIE WICHTIGSTEN MARS-RAUMSONDEN

Bezeichnung		Start	Ankunft	Aufgaben/Resultate
Mars 1	(UdSSR)	1.11.1962	–	Im Erdorbit verunglückt
Mariner 3	(USA)	5.11.1964	–	Erdorbit nicht erreicht
Mariner 4	(USA)	28.11.1964	14.7.1965	Erster erfolgreicher Mars-Vorbeiflug, 22 Fotos von der Mars-Oberfläche
Zond 2	(UdSSR)	30.11.1964	–	Sondenausfall nach 5 Monaten, verfehlt den Mars
Zond 3	(UdSSR)	18.7.1965	–	Fotografiert Mond, Weiterflug zum Mars, aber keine Daten
Mariner 6	(USA)	24.2.1969	31.7.1969	Zweiter Mars-Vorbeiflug, 74 Fotos der Äquatorregion und Messwerte
Mariner 7	(USA)	27.3.1969	5.8.1969	Dritter Mars-Vorbeiflug, 91 Bilder der Südpolzone und Messwerte
Mariner 8	(USA)	8.5.1971	–	Erdorbit nicht erreicht
Mars 2	(UdSSR)	19.5.1971	27.11.1971	Marsorbit erreicht, Messwerte übertragen, Marslandung misslungen
Mars 3	(UdSSR)	28.5.1971	2.12.1971	Marsorbit erreicht, Messwerte übertragen, Sendeausfall nach Landung
Mariner 9	(USA)	30.5.1971	13.11.1971	Marsorbit erreicht, 7329 Fotos, Kontakt reisst am 27.10.1972 ab
Mars 4	(UdSSR)	21.7.1973	10.2.1974	Marsorbit verfehlt wegen Versagens der Bremsraketen
Mars 5	(UdSSR)	25.7.1973	12.2.1974	Marsorbit erreicht, Fotos und Messwerte übertragen
Mars 6	(UdSSR)	5.8.1973	12.3.1974	Kapsel gelandet, bei Aufschlag Funkkontakt verloren
Mars 7	(UdSSR)	9.8.1973	9.3.1974	Landekapsel verfehlt den Planeten
Viking 1	(USA)	20.8.1975	19.6.1976	Marsorbit erreicht, Landekapsel landet am 20.7.1976, 37 000 Fotos vom Orbiter, 2300 Fotos vom Lander
Viking 2	(USA)	9.9.1975	7.8.1976	Marsorbit erreicht, Landekapsel landet am 3.9.1976, 16 500 Fotos vom Orbiter, 2250 Fotos vom Lander
Phobos 1	(UdSSR)	7.7.1988	–	Funkkontakt am 2.9.1988 abgebrochen
Phobos 2	(UdSSR)	12.7.1988	29.1.1989	Marsorbit erreicht, Fotos und Daten vom Mond Phobos, Sondenausfall 27.3.1989
Mars-Observer	(USA)	25.9.1992	–	Bei Erreichen des Mars Funkkontakt verloren
Mars Global Surveyor	(USA)	7.11.1996	11.9.1997	Bild-Kartierung der Mars-Oberfläche
Mars 96	(Russland)	16.11.1996	–	Start misslungen, in Pazifik gestürzt
Mars Pathfinder	(USA)	4.12.1996	4.7.1997	Landung im Ares Vallis, Rover Sojourner arbeitet planmäßig